SUTTON
VERLAG

Erscheint jeden Mittwoch und Sonnabend Nachmittags und ist in Uelzen bei der Exped., auswärts bei den löbl. Postämtern zu bestellen.

Vierteljährlicher Preis für Uelzen und bei allen löbl. Postämtern des Inlandes 15 gr. Insertionsgebühr 1 gr die Zeile od. deren Raum.

Kreis-Blatt.

Nachrichten

für die Stadt **Uelzen** und die Aemter **Isenhagen, Medingen** und **Oldenstadt.**

№ 9. **Mittwoch, den 29. Januar 1868.** 20. Jahrgang.

(Die Expedition des Kreis-Blattes ist Rosenstraße № 53, Parterre.)

Die Brüder.

Original-Novelle von Ewald August König.

(Fortsetzung.)

„Schön gerade nicht, aber er ist hübsch, witzig und weiß über Alles zu sprechen, das muß ihm der Neid lassen. — Eines Abends kam er aufgeregter denn je nach Hause, seine Wangen glühten, daß mir Angst und bange um ihn ward und ich nicht anders dachte, als er sei ernstlich krank geworden. Da theilte er mir denn mit, Helene erwidere seine Liebe, es sei zu einer Erklärung zwischen ihnen gekommen und er wolle schon gleich morgen mit seinem Principal reden. Ich bat und beschwörte ihn, von diesem Vorsatze abzustehen, nun und nimmer werde der Commerzienrath seine Einwilligung zu einer solchen Heirath seiner Tochter geben, aber Georg hörte nicht, nach langem Drängen und Bitten versprach er mir nur, noch acht Tage mit der Brautwerbung warten zu wollen. In jenen Tagen wurde das kleine Kapital fällig, welches Dein Vater auf unser Häuschen aufgenommen hatte, es betrug hundert Thaler. Ich besaß das Geld nicht, die Ausstände kamen nicht ein und ich wußte keinen Rath. Freunde, welche mir die Summe vorstrecken konnten, besaß ich nicht, Georg hatte seinen Gehalt verbraucht und Du verdientest noch nicht so viel. Georg versprach, mir zu helfen und händigte schon am nächsten Tage mir die Summe ein. Als die acht Tage verstrichen waren, konnte ich ihn nicht länger zurückhalten, er ging zum Commerzienrath und Du weißt, was geschah."

„Freilich weiß ich's", erwiderte der Förster zornig, „der reiche Goldwolf dachte, ihn die Treppe hinunter zu werfen und entließ ihn ohne Weiteres. Das haben die Reichen vor uns voraus, daß sie die Menschen nach ihrem G... behandeln können, so ein armer Teufel ist in ihren Augen eben nur ein Hund, den sie schimpfen und treten können, wie es ihnen gefällt."

„Tags darauf holten die Polizeidiener Deinen Bruder, er war der Fälschung angeklagt."

„Die Folge seiner Thorheit, über seinen Stand hinaus zu wollen," bemerkte der Förster lakonisch. „Er hätte die Nase nicht höher tragen sollen, wie es ihm zukam."

Die Alte hatte sich erhoben.

„Weißt Du, für wen Georg die Cassabücher fälschte? Für mich, für seine Mutter. Er mußte mir ja die hundert Thaler schaffen und weil er sie selbst nicht besaß, nahm er sie aus der Kasse seines Prinzipals, mit dem Vorsatz, sie später von seinem Gehalt zu ersetzen."

Auf den Förster machten diese Worte keinen so großen Eindruck, wie die Mutter erwartete.

„Das entschuldigt die That nicht", erwiderte er, „und zudem lagen der Fälschungen mehr als eine vor."

„Er behauptet, nur diese eine begangen zu haben."

„Ja, alle Verbrecher waschen sich so rein, wie es ihnen nur möglich ist, die Maske gekränkter Unschuld ist beliebt, aber abgenutzt."

„Ich habe Georg niemals auf einer Lüge ertappt", fuhr die alte Frau fort, „und er hat bei seiner Seelen Seligkeit geschworen, er sei sich nur dieser einen Schuld bewußt."

Der Förster trat ans Fenster.

„Auf einen Meineid kommt's dem Verbrecher nicht an", erwiderte er, „hat er einmal den ersten Schritt auf der Bahn gethan, so folgen die andern rasch nach, ich mag nichts davon hören."

„Du hast deinen Bruder nie geliebt!" rief die Mutter, dem Schmerz, der in ihrem Herzen wüthete, willenlos sich hingebend, Dein Haß wird einst böse Früchte tragen."

„Ich lasse sie reif werden, dann mag sie pflücken, wer will", versetzte Hugo barsch, „ich trage nicht allein Schuld daran."

Er hatte das so trotzig aufbrausend gesagt, daß die Mutter, um den Haß nicht zu nähren, keinen Widerspruch wagte.

„Ich gehe heute zu Barbara", fuhr der Förster nach einer Beiden gleich peinlichen Pause fort, „bevor ich die Stadt verlasse, komme ich noch einmal zu Dir."

Ein banger Seufzer entrang sich der Brust der alten Frau, als Hugo das Haus verlassen hatte, sie konnte den Haß nicht ergründen, der die Brüder trennte, ihr war er ein unerklärtes Räthsel. — In den Herzen der Beiden hatte dieser Haß Wurzel gefaßt, er war mit ihnen aufgewachsen und Niemand vermochte zu sagen, woher der Keim dieses wuchernden Unkrauts rührte.

Hatte die Mutter durch ihre Liebe zu den jüngsten Sohn ihn unbewußt in das Herz des Aelteren gesäet? — Sie wußte es nicht. Mit blutendem Herzen stand sie vor diesem Räthsel in der Menschennatur, zu schwach, der wilden verzehrenden Gluth Einhalt zu thun.

Noch einmal ging die Kindheit ihrer Söhne an ihrem geistigen Auge vorüber. Der wilde, trotzige Hugo, dem kein Felsen zu steil, kein Baum zu hoch, kein Graben zu breit war, der schüchterne, stille Georg, der begierig den Sagen und Märchen lauschte, welche die Mutter ihn immer und immer wieder erzählen mußte, die ihn alles vergessen ließen, was das Kindesherz erfreuen und betrüben kann. Dann saß er zu ihren Füßen, die blonden Locken fielen über die blassen Wangen und die blauen Augen schauten andächtig zur Mutter empor. Wie oft blickte aus diesen Augen eine tiefe Sehnsucht nach jener Märchenwelt, während Hugo der albernen Phantasiegebilde spottete; wie oft saß Georg, in das Traumesleben seiner phantasiereichen Seele verloren, vertieft in das Anschauen der Bilder und Gestalten, welche vor seinem geistigen Auge vorüberzogen, während Hugo draußen in Wald und Feld mit seinen Spielgenossen sich tummelte.

So trennten sich die Wege der Beiden schon früh und immer weiter gingen sie auseinander. Als Georg zum ersten Male die Schule besuchte, hatte Hugo sie schon velassen. Mit einem Eifer und einer Wißbegierde, die jedes Hinderniß beseitigt, drang Georg in die Tiefen der Wissenschaft ein, deren Pforte der alte Schulmeister dem Geiste des Kindes öffnete. Die Bücher waren jetzt seine besten, seine einzigen Freunde, mit ihnen unterhielt er sich bis spät in die Nacht hinein und seltsam — auch dies nährte jenen Haß, der im Herzen Hugo's sich mehr und mehr ausbildete. Hugo hatte wenig Talent, wenig Liebe zur Erlernung dessen, was dem Menschen zur Ausbildung des Geistes Noth thut, gezeigt, jedes Wort der Liebe, der Aufmunterung und Bewunderung, welches sein Bruder erntete, erfüllte ihn mit bitterm Neide, ihm war ja solche Auszeichnung nie zu Theil geworden.

Hugo wollte Förster werden, die Eltern gaben nach. Sie hofften, die Trennung werde mildern und aussöhnen, das Alleinstehen unter fremden Leuten den Haß im Herzen Hugo's tilgen und mit der Sehnsucht nach der Heimath auch die Liebe zu seinem Bruder erwecken. Deshalb trug auch der Vater Sorge, daß Hugo weit von der Heimath fort eine Stelle erhielt und dem Sohne war dies gerade recht. Er wollte aus seinem bisherigen Kreise ganz heraus, Länder und Menschen kennen lernen und der strengen Aufsicht der Eltern überhoben sein. Die Hoffnung ging nicht in Erfüllung, der Vater starb und nur widerstrebend legte an dessen Sterbebette Hugo die Hand in die freiwillig und aufrichtig dargebotene Rechte des Bruders.

Wenn der Tod das Auge der Eltern schließt, erlischt dem Kinde ein Stern, der ihm nie wieder leuchtet!

Das mochte Georg fühlen, er trauerte dem Vater lange nach. Hugo, der jetzt dem dreißigsten Lebensjahre nahe stand, dachte kaum mehr an den Todten, als der Rasen auf dem Grabhügel zum ersten Mal grünte.

Georg hatte die Realschule besucht und sich dem Kaufmannsstande gewidmet. Der Commerzienrath Weber nahm sich des jungen talentvollen Mannes an und zeichnete ihn aus, weil er in ihm einen tüchtigen brauchbaren Arbeiter sich für längere Zeit zu gewinnen dachte.

Hugo machte auf seiner Laufbahn ebenfalls Fortschritte, er trat als Förster in den Dienst des Freiherrn von Möllhausen, dessen Besitzung ungefähr eine Stunde von der Stadt entfernt lag, in welcher die Mutter des Försters wohnte. Und als es nun zum schlimmen Ende kam, als Georg verhaftet und der Fälschung überführt verurtheilt wurde, brach der Haß Hugo's in helle Flammen aus. Er versagte dem Unglücklichen seine Theilnahme, sein hartes schroffes Urtheil riß die Wunden des Mutterherzens noch tiefer. Nichts konnte ihn bestimmen, sein hartes Urtheil zu mildern, er warf dem Bruder vor, er sei von jeher ein Kopfhänger gewesen, man habe ihn verhätschelt und verzogen, seine Einbildung und seinen Stolz genährt, jetzt sehe man das Resultat einer solchen Erziehung. Georg habe in seinem Stolz die Nase zu hoch getragen und sei deshalb zu Fall gekommen.

Dies Alles zog der Seele der Mutter vorüber, eine Thräne rann leise über die welken Wangen, sie gedachte des Sohnes, der im Gefängnisse saß. Vielleicht sah auch er jetzt in die Vergangenheit, vielleicht gedachte auch er jetzt der Mutter, deren Herzen er so namenlosen Kummer bereitet! —

Da plötzlich wurde stürmisch die Thür geöffnet; ein junger Mann in der grauen Kleidung eines Strafgefangenen stürzte ins Zimmer und sank vor der alten Frau nieder. —

Ein lauter, gellender Schrei entfuhr den Lippen der Mutter, sie glaubte ein Phantasiegebilde, eine Erscheinung aus dem Jenseit zu sehen. Als aber die Stimme des Sohnes in ihren Ohren klang, als sie sah, daß es ihr Kind war, welches zu ihren Füßen lag, da fühlte sie, daß sie ihre ganze Kraft aufbieten müsse, den Entsprungenen zu retten. Mit Fieberhast beschwor sie den Sohn, hinauf unters Dach zu eilen und sich dort versteckt zu halten, bis sie ein Mittel gefunden, ihn unbemerkt aus der Stadt zu entfernen.

„Sei ohne Sorge", versetzte Georg, „vor morgen früh wird man meine Flucht nicht entdecken. Wochen, Monate habe ich gebraucht, um mir meine Flucht aus dem Gefängnisse zu bahnen, und wenn mein Arm erlahmen wollte, dann dachte ich an Dich, an die Freude, Dich wiederzusehen, und mit neuer Kraft setzte ich meine Arbeit fort."

„So komm wenigstens hinauf", bat die Mutter, die sich erinnerte, daß Hugo vor seiner Rückkehr in der Forst sie noch einmal besuchen wollte, „wir schließen die Hausthür zu und können dann ungestört mit einander plaudern."

Der junge Mann kam der Bitte nach. Er selbst verriegelte die Thür und stieg dann die Treppe hinauf. „Zünde Licht an", bat er, „daß ich Dein theures Antlitz sehen kann."

Die Mutter wehrte ab. „Es ist besser so", erwiderte sie. Wenn man die Thüre verschlossen findet und kein Fenster mehr erleuchtet sieht, so wird man glauben, ich sei zu Bette gegangen."

Georg seufzte aus beklommener Brust hoch auf.

„Gram und Sorgen haben Dein Haar gebleicht und tiefe Furchen in Deine Stirn gezogen", sagte er dumpf, „ich weiß es, auch ohne Dein Antlitz sehen zu können."

„Was geschehen, läßt sich nicht ändern; erzähle mir jetzt, wie Du es möglich gemacht hast, aus dem Gefängnisse zu fliehen."

„Gleich nach meiner Verhaftung erfuhr ich durch Dich die Verlobung meiner Geliebten mit dem Gutsbesitzer Bölling", hub der junge Mann an. „Nahm ich auch damals diese Nachricht mit Ruhe, ja kalter Gleichgültigkeit auf, in meinem Innern tobte es doch, ein glühender Rachedurst peinigte mich. Daß die, welche ich so tief geliebt, für die ich so viel geduldet hatte, mich treulos verließ, das konnte ich, das durfte ich nicht vergeben. — Natürlich — dem Verbrecher gegenüber war sie nicht mehr an ihr Versprechen gebunden, der Zuchthäusler durfte auf ihre Liebe keinen Anspruch mehr machen! Aber wissen wollte ich doch, ob sie freiwillig, aus eigenem Antriebe in diese Verlobung gewilligt hatte, und war dies geschehen, dann —"

„Dann?" fragte die Mutter, als der junge Mann zögerte.

„Dann sollte meine Rache sie treffen, so gewiß, wie sie damals mir versprach, nicht von mir zu lassen! Ich suchte mir eine Feile zu verschaffen, es gelang mir, das Schicksal selbst arbeitete mir in die Hände. Eines Tages reparirte der Schmidt das Schloß meiner Zelle, der Schließer wurde abgerufen, ich kaufte dem Mann die Feile ab, die er mir, vielleicht durch eine Regung des Mitleids bewogen, überließ. Ganze Nächte hindurch arbeitete ich an Durchfeilung der Eisenstangen vor meinem Fenster; ich mußte vorsichtig zu Werke gehen und hatte es erst nach einer Woche so weit gebracht, daß ein starker Druck genügte, die Stangen zu entfernen. Ich wollte Anfangs die Nacht zur Flucht wählen, aber später verwarf ich den Plan. In der Nacht sind die Wachtposten doppelt aufmerksam, am Abend, so lange die Schließer noch nicht zur Ruhe und die Schlüssel den Wachtposten noch nicht übergeben sind, achten die Posten nicht so scharf auf jedes Geräusch. So wagte ich's denn heute Abend, ich zerriß mein Hemd, band die Streifen an einander, befestigte den

Tino Wagner

Historische Kriminalfälle im Landkreis Uelzen

SUTTON VERLAG

Impressum
Sutton Verlag GmbH
Arnstädter Straße 8
99096 Erfurt
www.suttonverlag.de

ISBN: 978-3-95400-281-8

Gestaltung und Satz: Sutton Verlag
Druck: Books on Demand GmbH, Norderstedt, Deutschland

INHALTSVERZEICHNIS

DANKSAGUNG

Für die Unterstützung bei meinen Recherchen danke ich den Mitarbeitern des Hauptstaatsarchivs Hannover sowie dem Staatsarchiv Wolfenbüttel.

Dem Landeskirchlichen Archiv Hannover sowie Herrn Jürgen Schinke vom Kirchenkreisamt Uelzen danke ich für die gewährte Einsichtnahme in die microverfilmten Kirchenbücher. Weiterhin bedanke ich mich bei Herrn Dr. Reimer Egge vom Stadtarchiv Uelzen und seinen fleißigen Mitarbeiterinnen sowie bei Frau Dr. Christine Böttcher und Frau Ulrike Ritter vom Kreisarchiv Uelzen und Jürgen Schliekau/Museum-Schliekau. Herrn Dr. Ulrich Brohm vom Museum Schloss Holdenstedt, dem Kreisarchäologen Dr. Fred Mahler und dem Historiker und Archäologen Marc Bastet danke ich für die hilfreichen Anregungen und die Quellenhinweise. Auch Dr. Dirk Götting und Nicole Schwarzer vom Polizeimuseum Niedersachsen haben geduldig meine Fragen beantwortet. Dem Leiter der Universitätsbibliothek in Lüneburg, Torsten Ahlers, danke ich für die gewährte Einsicht in die microverfilmten historischen Zeitungen.

Ich bedanke mich auch bei Herrn Jan-Olaf Albrecht von der Kripo Uelzen, Frau Sabine Hamann (Leiterin der JVA Uelzen) und allen Mitarbeitern für die Ratschläge und die Einsichtnahme in vorhandene historische Gefangenenbücher sowie bei den Mitarbeitern der „Allgemeinen Zeitung Uelzen" (C. Beckers Buchdruckerei GmbH & Co. KG). Nicht vergessen darf ich meine lieben Mitforscher Gunda Friesch, Marlies Vollmer, Eberhard Behnke und Uwe Schaate, die mich auf Fälle aufmerksam gemacht haben, die ihnen während der Kirchenbuchabschriften aufgefallen sind. In diesem Zusammenhang bedanke ich mich auch bei Frau Pastorin Dr. Katrin Dieckow/Medingen, Herrn Pastor Hermann-Georg Meyer/Bad Bevensen, Herrn Pastor Uwe Mestmäcker/Rosche, Herrn Pastor Jürgen Bade/Bienenbüttel, Pastor Ulf Cyriaks/Himbergen und Herrn Pastor Mathias Dittmar/Suderburg für ihre Bemühungen. Ich danke weiterhin Eberhard Boie, Dieter Bäck und Horst Heidemann sowie allen, die mich in sonstiger Weise unterstützt haben, aber hier nicht namentlich genannt wurden. Mein Dank gilt besonders meiner Frau – ohne ihr Verständnis für meine zahlreichen geschichtlichen Aktivitäten wären diese Projekte nicht möglich.

VORWORT

Damals wie heute sind Verbrechen und Bestrafung, Unrecht und Recht ein Teil unserer Gesellschaft. Die Ursachen für die Straftaten und der Umgang damit unterlagen immer auch den politischen, sozialen, wirtschaftlichen und kulturellen Rahmenbedingungen.

Nicht nur alte Gerichtsakten, Amtsblätter und Ermittlungsakten geben uns heute Aufschluss über die Verbrechen und Vergehen der Vergangenheit. Auch die Kirchenbücher enthalten häufig interessante Details, zeigten sich die Schriftführer doch mitunter sehr schreibfreudig, wenn es um kriminelle Vorfälle in ihrem Zuständigkeitsbereich ging.

Die Grundidee für das vorliegende Buch entstand bei der Abschrift der Bevenser Kirchenbücher. Eine „liederliche Frauensperson" aus Lüneburg brachte 1804 in Bevensen ein uneheliches, mit einem französischen Soldaten gezeugtes Kind zur Welt und versteckte es in einem Misthaufen. Nach dem Auffinden konnte der Säugling noch getauft werden, verstarb aber wenig später. Das Schicksal dieser Frau konnte aufgrund fehlender Quellen nicht im Detail beleuchtet werden, der Fall veranlasste mich jedoch dazu, mich eingehender mit den Kriminalfällen im Landkreis Uelzen zu beschäftigen.

Die Mehrheit der hier dargestellten Straftaten wurde aus historischen Lokalzeitungen der Region zusammengetragen. Aus der Zeit vor 1900 sind die Zeitungsbestände in den von mir aufgesuchten Archiven nicht komplett erhalten. Die vorliegende Sammlung erhebt somit nicht den Anspruch auf Vollständigkeit, sondern soll nur einen kleinen Einblick in die Ermittlungsabläufe und die Berichtserstattung vergangener Zeiten geben.

Interessant waren auch die Zusatzinformationen, die ich während der Recherchen gewinnen konnte. Während zur Zeit des Ersten Weltkrieges relativ wenig Straftaten in den Zeitungen zu finden sind und Frontberichte, Gefallenenmeldungen sowie Kriegsanleihen in der Presse dominierten, nahm die Zahl der Berichte über Straftaten in der Nachkriegszeit zu. Diese Kriminalität kann mit der wirtschaftlichen Not und den Fronterfahrungen zusammenhängen, aber auch die gesellschaftliche und politische Zersplitterung in krisengeschüttelter Zeit mag ihren Teil dazu beigetragen haben: Es war eine Zeit, in der es kein Sozialsystem wie heute gab.

Aus den Lokalzeitungen geht hervor, dass Anfang der 1920er-Jahre die Polizeidienststellen aufgefordert wurden, möglichst wenige Festnahmen vorzunehmen, da die Gerichtsgefängnisse schlichtweg überfüllt waren. Damals geriet man auch wegen

Bettelns und unerlaubten Wasserlassens schnell hinter Schloss und Riegel. Vorkommnisse, die heute allenfalls eine Ordnungswidrigkeit darstellen.

Das vorliegende Buch berichtet von Taten, wie sie auch heute noch geschehen können, wie vom 1811 verübten Raubmord im Stadorfer Holz, vom Doppelmord in Bollensen 1909 oder von der Vergewaltigung eines jungen Mädchens im Sommer des Jahres 1911. Aber auch eher zeittypische Verbrechen wie der Schweinediebstahl 1910 in Teendorf, bei dem die Schweine nicht nur gestohlen, sondern an Ort und Stelle geschlachtet wurden, sind Bestandteil dieser Fallsammlung. Ungeklärte Leichenfunde, aufsehenerregende Suizide und Todesfälle, die durch fahrlässigen Schusswaffengebrauch entstanden sind, werden der Vollständigkeit halber gelegentlich mit dargestellt, da auch diese Fälle die Gendarmerie/Polizei beschäftigten.

Der Leser soll sich anhand dieses Buches selbst ein Bild über die „gute alte Zeit“ machen können, die sich bei genauerer Betrachtung, zumindest in Art und Umfang „krimineller“ Handlungen, nicht allzu sehr von unserer Gegenwart unterscheidet. Verändert hat sich jedoch das Bewusstsein für das Strafmaß. Während in früherer Zeit Mörder und Giftmischer gerädert, Kindesmörderinnen lebendig begraben wurden und die Gefängnisse und Zuchthäuser lediglich als Verwahranstalten dienten, sieht der moderne Strafvollzug neben dem Schutz der Allgemeinheit insbesondere Entlassungsvorbereitung, Resozialisierung sowie Arbeits- und Sozialtherapie vor, und für die Opfer stehen Beratungsstellen und Therapiemöglichkeiten zur Verfügung.

Alle Texte sind der Authentizität halber im *Originalwortlaut* und somit auch in alter Rechtschreibung wiedergegeben. Sie wurden in einigen Fällen zusätzlich kommentiert und ergänzt. Im Hinblick auf bessere Verständlichkeit erfuhren die Beiträge teilweise eine leichte textliche Überarbeitung. Sofern Namen in den Fällen der 1930er- und 1940er-Jahre nicht bereits in der Zeitung veröffentlicht wurden, wurden diese gekürzt bzw. bei kindlichen Opfern auch als Pseudonym angegeben, um die Personen zu schützen, die heute durchaus noch leben könnten. Dies betrifft vorwiegend jene Verbrechen, die in Gerichtsakten überliefert sind.

1580–1846

23. Februar 1580

WEGEN ZAUBEREI AUF DEM SCHEITERHAUFEN VERBRANNT

Insbesondere während der frühen Neuzeit kam es zu regelrechten Hetzjagden auf mutmaßliche Zauberer und Hexen. Katastrophen, Kriege und Epidemien schürten die Angst der überwiegend abergläubischen Bevölkerung. Als juristische Grundlage der Strafverfolgung von Hexen und Zauberern galt die 1532 im Heiligen Römischen Reich eingeführte „Constitutio Criminalis Carolina", die als erstes allgemeines deutsches Strafgesetzbuch gilt. Es bedurfte seinerzeit keiner aussagekräftigen Beweise, um dem Vorwurf der Hexerei ausgesetzt zu sein, und besonders Frauen waren diesbezüglich gefährdet.

1579 wurde Andreas Sperhaken wegen Gottesleugnerei und Zauberei angeklagt. Der Stadtvoigt und Rat zu Uelzen wandte sich in peinlichen Rechtsfällen an die Schöppenstühle zu Magdeburg und Lübeck und erhielt auch betreffs des Gefangenen Sperhaken eine Rechtsanweisung, die noch heute im Stadtarchiv Uelzen verwahrt wird:

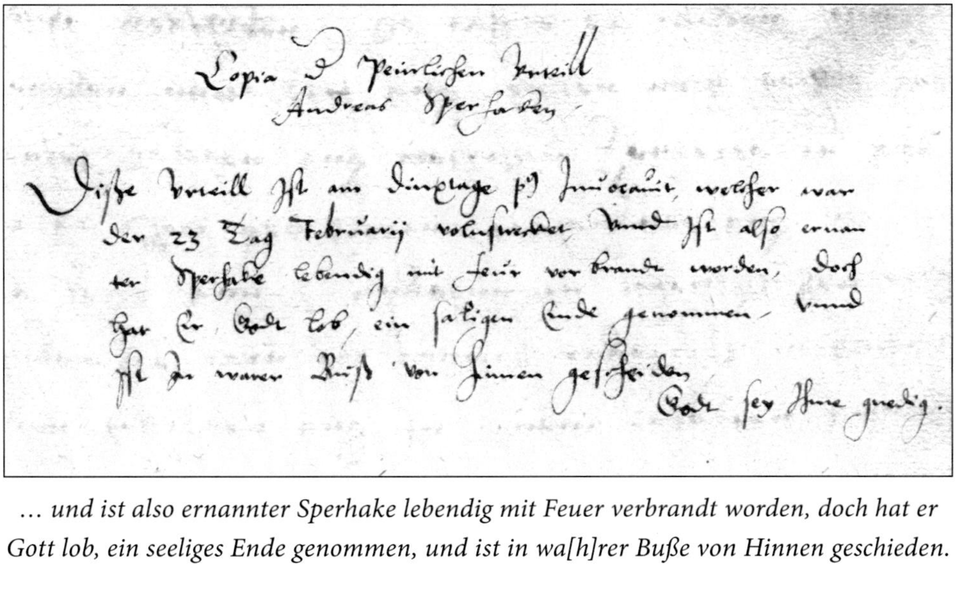
Copia d[es] Peinlichen Urteill Andreas Sperhaken

Diße Urteill ist am dinstage p[ost] Invocavit, welcher war der 23 Tag Februarij volnstrecket, und ist also ernanter Sperhake lebendig mit feur vorbrandt worden, doch hat Er, Gott lob, ein seligen Ende genommen, und ist in warer Buß von hinnen gescheiden.

Gott sey Ihme gnedig.

… und ist also ernannter Sperhake lebendig mit Feuer verbrandt worden, doch hat er Gott lob, ein seeliges Ende genommen, und ist in wa[h]rer Buße von Hinnen geschieden.

Da er den Herrn verleugnet und sich dem Teufel ergeben, und vielfältige Zauberei an Vieh und Menschen begangen haben sollte, ist er *„mitt dem feur zu Leib und Leben zu straffen“*. Das Urteil gegen Sperhaken wurde am 23. Februar 1580 vollstreckt.[4.3.]

Auch die Ehefrau Sperhakens wurde allem Anschein nach in Haft genommen, aber straffrei entlassen: „... ferner was genannter Andreas Sperhaken Weib anlanget, sprechen wir Schoppen zu Magdeburgh vor Recht, das dieselbige gestalten [geschilderte] Sache nach dißmal ist ein gewonlich bescheide [Urtei] der gefenglichen Haft [Gefängnishaft] hatte zu entledigen von Rechts wegen versiegelt mit unserm Insiegel.“

14. März 1588

NACH EINBRUCH IN DER SUDERBURGER KIRCHE GERÄDERT

Anno 1588, des Donnerstages vor Laetare ist die Kirche zu Surborch [Suderburg] des nachts zwischen 12 und 1 gebrochen und ist der Kelch daraus genommen samt einem Engelotten und 2 Reichsdalern auch 29 ß so in der alten Kiste gewesen. Es ist die Kirche nirgends gebrochen gewesen, sondern die große Kirchentür durch einen Dietrich aufgemacht, als wenn sie einem Schlüssel aufgeschlossen wäre, der Name der Täter, die die Kirche gespolieret, sein gewesen Jacob Misner bürtig aus der Lüsenitze der andere Gregor van Dresden sein folgenden Tages in die Gefängnisse gebracht und hernach mit

Die Suderburger Kirche St. Remigius um 1900.

dem Rade von oben dall vom Leben zu Tode gebracht. Jacob Misner vor dem Kloster Ebstorf und der andere vor Bevensen. Der Kelch aber, welchen die Kirchenbrecher in drei Stücke geschlagen, ist wiederum an jenige Entgeltnisse von dem Schreiber Berent Schelen, so damals zu Ebstorf gewesen, wiederum zugestellt, welchen der Pastor Herr Johann Woning und Christopher Schrader, Vogt zu Suderburg, von gemeldeten Berent empfangen. Der Engelotten und 2 Reichsdaler und 29 ß samt dem Rohr so bei dem gefunden der zu Meding[en] fänglich gesessen und vor Bevensen gerichtet, ist ihm gleich auf Forderung des Pastoren und Juraten der Kirchen zu Surborch bei Jürgen Louwen, Küster daselbst, von Jacob Denemann, Amtsschreiber zu Meding[en], der Kirche auch wiederum zugeschickt.[9]

7. März 1672

MISTGABEL-SCHARMÜTZEL

Berendt Clausen von Böke vor der Görde in einem Scharmützel, welches die Böker u. Lütken Thondorfer gehalten um der Heide willen mit Mistgabeln erschlagen worden, auch ohne Versöhnung und Empfangung des Heiligen Abendmahls [begraben worden], da er doch bis in den 3ten Tag noch gelebet dahin gestorben, dessen Sehle sei in Gottes Handt.[6.2.]

1674

AUF DEM MARKT ERSTOCHEN

Am 29. August 1674 wurde Michel Burmester oder Behnen von Almstorf beerdigt, welcher alhir auf dem Bartholomei Markt mit dem Meßer erstochen ist. Der Thäter ist entlaufen – [er] hiß Ditrich Kaiser.[6.2.]

1700

GRAUSIGER DOPPELMORD

Anno 1700 am 11 Maji geschah zwischen Lüneburg und Alten Medingen am Reisenmohr ein grausamer Mord; und wurden 2 Dirnen aus Alten Medingen getötet, eine war Jürgen Hartich des Kirchvaterß Tochter von 20 Jahren, die andere Henni Lüdchen Schröders Loches [?] Veestherren Tochter von 12 Jahren:

Der Veestherr so nach Lüneburg gewesen, und besagte 2 Dirnen aufm Wagen hat, nimmt auch mit auf einen gewesenen Dragoner - Jürgen Diterich Frömcke, so vor dem unter Major Degen Compagnie gedienet, nachgehens hinter Lüchau zu Mückenburg sich häußlich niedergelassen und daselbst gewohnet, auch mit der frauen einen Sohn gezeuget.

Wie er aber in Brabant vor dem einmal Wahnsinnig gewesen, also hat er es auch für dismahl in Lüneburg erwiesen, daß es nicht richtig mit ihm. Aufm Wagen hat er sich zu Zeiten vernünftig, zu Zeiten unvernünftig bezeuget. Endlich sticht er die ältere Dirne in die Lende, die von dem Wagen springet, er ihr nach und sie tief in die Kinnbacken hauet, daß sie niederfällt. Der Veestherr läuft mit seiner Tochter an der Hand, die verfolget er, und hauet der Tochter den Kopf glatt weg, darauf er sich an den Veestherren machet, und demselben 11 Wunden giebet, und mit ihm zur Erden fällt. Endlich doch vielleicht in der Meinung, daß er tot, vor ihm aufstehet und zu der ältern Dirne, welche bisher elendiglich auf der Erden gelegen, und mit Händen und Füssen in die Erde gekratzet, wieder laufet, und derselben den Kopf auch abhacket. Die Leute von Solchstorf, wohin der Veestherr sich zurückgezogen, haben ihn gefangen genommen und sehr zuschlagen und zerhauet, weil er sich nicht geben wollen. Den 12 Maji morgenß wurde er gefangen hierher gebracht, und in der Pforte eingeschlossen. Bisweilen rasete er unmenschlich, bisweilen kam er zu sich selbst, da er seine Sünden erkennete und betete. Ihm wurde 2mahl die Ader gelassen, auch von H[errn] D[octor] Danckwertß Physico [Arzt] in Ueltzen Pulver verordnet, und schien es, daß es wohl etwas besser würde. Die Pa… blieben aber nicht auß. Er fiel aber dabei in eine Kranckheit, daß ihm alles Fleisch verfiel, und er nichts alß aufm Rücken liegen konnte. Daher ihm auch alle Fesseln abgenommen wurden. Endlich wurde er aus der Pforte nach der Stallstube gebracht, in welcher er am 1 Julij verschieden. Da er den Tag vorher fein betete und sich zum Tode schickete. Von Zelle [Celle] kam die Order, daß er an einen Abort solle begraben werden. Also wurde er aufn Kirchhoff in den Winkel bei dem Mahrstall und der Planke des Abends begraben. Zu Zelle, wie H[err] Hofrat Heldberg sagte, hat man vorgehabt denselben in ein Toll Hauß zu bringen.[6.8.]

Die vorangegangenen Zeilen dürfte Pastor Balthasar Falckenhagen geschrieben haben, der von 1688–1703 Pastor in Medingen war.

1713

NACH EINEM SCHLAG MIT DEM BIERKRUG VERSTORBEN

Der Schultze zu Schwemlitz, namens Püffel, gestorben den 12ten Februar. Dieser Körper ist von dem H.D. Danckwertz zu Uelzen und Herrn Ambtmann Han[?] zu

Auszug aus einer Verordnung von König Georg II. bezüglich der Vergütung von Scharfrichtern.

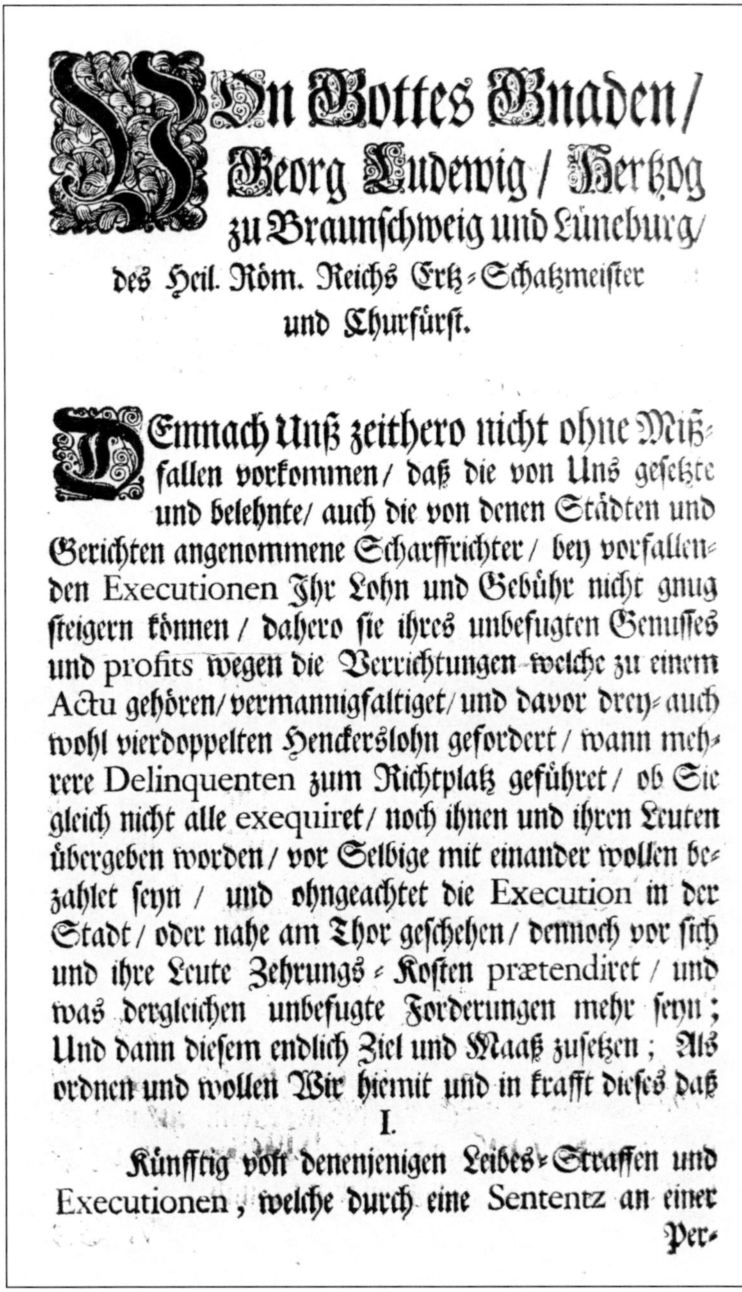

Von Gottes Gnaden / Georg Ludewig / Hertzog zu Braunschweig und Lüneburg / des Heil. Röm. Reichs Ertz-Schatzmeister und Churfürst.

Demnach Uns zeithero nicht ohne Mißfallen vorkommen / daß die von Uns gesetzte und belehnte / auch die von denen Städten und Gerichten angenommene Scharffrichter / bey vorfallenden Executionen Ihr Lohn und Gebühr nicht gnug steigern können / dahero sie ihres unbefugten Genusses und profits wegen die Verrichtungen welche zu einem Actu gehören / vermannigfaltiget / und davor drey- auch wohl vierdoppelten Henckerslohn gefordert / wann mehrere Delinquenten zum Richtplatz geführet / ob Sie gleich nicht alle exequiret / noch ihnen und ihren Leuten übergeben worden / vor Selbige mit einander wollen bezahlet seyn / und ohngeachtet die Execution in der Stadt / oder nahe am Thor geschehen / dennoch vor sich und ihre Leute Zehrungs-Kosten prætendiret / und was dergleichen unbefugte Forderungen mehr seyn; Und dann diesem endlich Ziel und Maaß zusetzen; Als ordnen und wollen Wir hiemit und in krafft dieses daß

I.

Künfftig von denenjenigen Leibes-Straffen und Executionen, welche durch eine Sententz an einer Per-

Bodenteich besichtigt, und hat man sonderlich das Haupt visitieret, weil er etwa acht Tage vor Weihnachten vom Bäcker zu Suhlendorf mit einem Krug Bier darauf geschlagen worden.[6.3.]

1725

MÖRDER MIT DEM SCHWERT GERICHTET

Den 15. Dezember 1725 ist Margarethe Dorothee, Johann Esche hieselbst Ehefrau, alt 60 Jahr gegen den Abend von ihrem Manne mit einem Degen durchs Herz erstochen, da sie dann gleich todt geblieben. Gott sey ihrer Seel gnädig! Den 3. Maj 1726 ward der Johann Esche, wegen Mordes an sr. frauen begangen auf einem berge zur linken des Hester-Kamps, von dem Scharfrichter aus U[e]ltzen mit dem Schwert hingerichtet, woselbsten er auch durch den Schinder Knecht ist begraben worden.[6.1.]

Von 1721 bis 1737 übte Johann Georg Goepel das Amt des Scharfrichters in Uelzen aus. Bereits dessen Vater war als Scharfrichter in Göttingen tätig und auch in den folgenden Generationen ging der Beruf vom Vater an den Sohn über.

6. Februar 1728

KINDERMÖRDERIN VON APPELN ENTHAUPTET

Ebstorf: Starb unter des Henkers Schwert, Fräulein Henriette Christine von Appeln, und ward denselben Abend als eine wohlbekehrte Christin auf dem hiesigen Kirchhofe beigesetzt, Alter ungefähr 31 Jahre. Nachtrag aus dem Jahr 1796: Sie ward in der großen Zehntscheune auf dem Amtshofe auf einem vollen Laken, so noch auf der Amtsstube verwahrt liegt, enthauptet.[6.7.]

1738

SOHN ERSCHLÄGT VATER MIT DRESCHFLEGEL

Michaelis Abend: Heinrich Kaiser, Hauswirt zu Römstedt von seinem Sohne Nicolaus Heinrich durch einen Schlag am Kopf mit dem Dreschflegel ermordet. Es ging um 1ggr erhaltenen Halftergeldes vom verkauften Pferde. Der Ermordete wurde begraben am 31. September 1738.[6.4.]

Bei dem Halftergeld handelte es sich um eine früher übliche Draufgabe beim Viehhandel. Dieses sollte den geschlossenen Vertrag bestärken.

Im rechten Bereich, unmittelbar neben der Amtskornscheune, ist der Giebel der Zehntscheune zu sehen, in der 1728 die Kindermörderin von Appeln enthauptet wurde.

Eines der etwa 300 Jahre alten Richtschwerter, die sich heute im Museum Schliekau in Bad Bevensen befinden. Die Klingen von Richtschwertern waren in der Regel nicht spitz und Maße wie auch Gewicht waren Richtlinien unterworfen.

Anweisung

für Scharfrichter über das Verfahren bei Enthauptungen.

1.) Der Hinzurichtende muß auf einem Stuhl mit einem aus Latten bestehendem Sitze und mit niedriger Lehne sitzen.

2.) Ein breiter lederner Gürtel muß um die Brust gelegt und an die Stuhllehne geschnallt werden.

3.) Die Oberschenkel müssen an den Stuhlsitz befestigt werden.

4.) Die Vorderarme sind an die Stuhllehnen zu befestigen.

5.) Beide Schultern müssen durch Riemen, welche sich auf dem Rücken kreuzen, hinabgezogen werden.

6.) Statt des unter Nr. 4 und 5 Bemerkten, sind, wenn es für nötig zu halten ist, die Arme herunterzuziehen und die Handgelenke an die hinteren Stuhlfüße zu befestigen.

7.) Der Kopf muß durch eine unter das Kinn gelegte Schlinge hinaufgezogen werden.

8.) Alsdann hat der Scharfrichter den Hieb sofort zu vollziehen.

9.) Das Schwert muß einschließlich des Griffs etwa 4 Fuß lang etwa 4 Zoll breit und etwa 5 Pfund schwer sein.

10.) Der Scharfrichter hat die untere Fläche des Griffs des Schwertes mit der linken und die obere Fläche desselben mit der rechten Hand zu fassen.

11.) Er muß den rechten Fuß vor und den linken rückwärts stellen.

12.) Verrichtet jedoch der Scharfrichter seine gewöhnlichen Arbeiten mit der linken Hand, so tritt das Umgekehrte der Vorschriften 10 und 11 ein.

13.) Er hat den Hieb von der linken nach der rechten Seite zu führen.

14.) Er muß nicht auf die Klinge, sondern auf den mittleren Teil des Halses sehen.

Auszug einer Anweisung für Scharfrichter beim Enthaupten.

12. Juli 1742

GIFT IM BUTTERBROT

Den 12ten Juli ist die alte Mautzen von Süttorf, Mutter, am Gift gestorben, so Johann Pflügge aus der Dörmter Mühle seiner Frau im Butterbrot gegeben, davon sie ein wenig mit genossen.[6.3.]

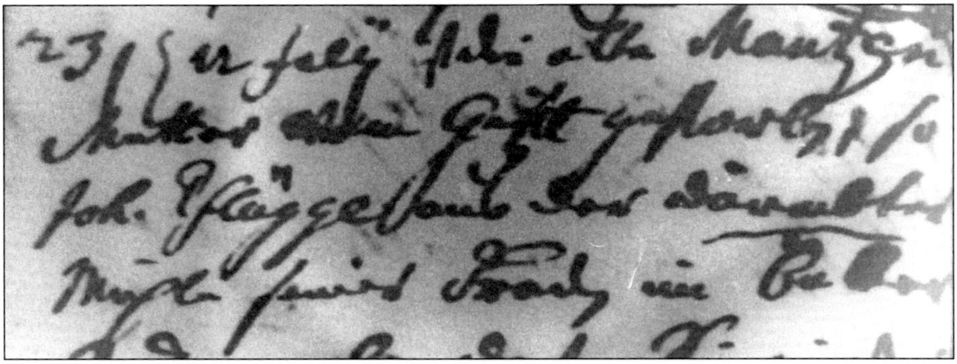

Dieser Kirchenbucheintrag aus dem Jahr 1742 berichtet über den Süttorfer Giftmord.

1804

NEUGEBORENES IM MISTHAUFEN VERSCHARRT

Am 9. Juni 1803 wurde Lüneburg, nach der Besitzergreifung des Kurfürstentums Hannover durch Napoleon, von den Franzosen besetzt. Keine elf Monate später taucht der nachstehend dargestellte Fall in den Bevenser Kirchenbüchern auf.

Bevensen: Den 6ten May ist eine liederliche Frauensperson, welche ihrer Aussage nach aus Lüneburg gebürtig ist, und Charlotte Weinreich heißt, nachdem sie Tages zuvor hier angekommen und ihr in des Baumanns Behneken Scheune das Nachtlager ausgestattet worden, mit einer unehelichen Tochter heimlich niedergekommen, welche von ihr auf dem Hofe im Misthaufen verscharret worden. Nachdem man das Kind da des Morgens in einem verstarrten Zustande gefunden und das Leben desselben minder angefacht hatte, wurde es gleich getauft und von der Hebamme Maria Dorothea Blom, die es zur Taufe hielt, Maria Dorothea genannt.

Als Vater hat die Person einen französischen Soldaten dessen Name ihr unbekannt sei, angegeben![6.1.]

Den 6ten May ist hieselbst das uneheliche Töchterlein Maria Dorothea, mit welchem eine Fremde aus Lüneburg gebürtige Frauensperson, Namens Charlotte Weinreich, hieselbst in der vorhergehenden Nacht niedergekommen, Abends wieder verstorben und den 8ten beygesetzt worden. Alt. – etwa 20 Stunden.[6.1.]

1806

FAMILIE GENIESST TÖDLICHE MAHLZEIT

SATKAU: Den 12ten Juli starb der Häusler Christian Krüll an erhaltenem Gifte und wurde den 14ten ejusdem nach gerichtlicher Untersuchung in der Stille beigesetzt, alt ungefähr 47 Jahre.[6.5.] Eodem dessen Ehefrau Anna Louise Krahns auf eben die Weise und wurde den 14ten ejusdem zugleich mit ihrem Manne beigesetzt, wie auch alt ungefähr 30 Jahre.[6.5.] Eodem deren Kind, ein Sohn, alt 6 oder 7 Jahre.[6.5.] Bei der gerichtlichen Untersuchung ergab sich, daß wahrscheinlich Arsenik, welches zwischen den Esswaren herumgelegen, in das Essen gekommen, und je nachdem sie Hunger gehabt und gegessen, geschwind oder langsamer gestorben. Der Mann, welcher das meiste genossen, war der erste, ihm folgte die Frau und ihr das Kind.

1810

DIEBE IM KLOSTER MEDINGEN

In der Nacht zum 26. November 1810 wurde im Kloster eingebrochen und mehrere Schränke aufgebrochen, der Einbruch wurde von der Conventualin Christiane von Witzendorff entdeckt, die dadurch die Diebe aufschreckte. Die gestohlenen Gegenstände hatten einen Wert von 193 Thlr. 16 Ggr. gehörten dem Frl. von Witzendorff und auch deren Mutter, sie wurden später in Hamburg bei einer Diebesbande gefunden.[6.8.]

1811

RAUBMORD IM STADORFER HOLZ

Der Dienstknecht Jürgen Heinrich Müller wurde am 23. Oktober 1787 in Bohlsen geboren. Ende Juni 1811 wurde seine Leiche im Stadorfer Holz gefunden, wo er am 18. Juni 1811 ermordet wurde. Im Begräbnisregister der Gerdauer Kirchenbücher ist der Sachverhalt wie folgt niedergeschrieben:

Jürgen Heinrich Müller, der Sohn des Dienstknechts Hans Peter Müller, jetzt zu Pieperhöfen bey Uelzen wurde am 23sten Juny 1811 zwischen Altenebstorf und Stadorf durch 14 bis 15 Wunden am Leibe und einigen Einschnitten im Halse jämmerlich ermordet gefunden und darauf zu Ebstorf begraben. Der Thäter dieses fürchterlich schrecklichen Mordes war Johann Christian Baetzhorn [Pätzhorn], der bis dahin mit dem ermordeten Müller bey einem Herrn in Großen Süstedt gedient, mit ihm in einem Bette geschlafen hatte.[6.6.]

Der am 8. November 1790 in Gerdau geborene Täter, Johann Christian Baetzhorn (Pätzhorn), gestand seine Tat und wurde nach seinem Prozess auf dem Richtplatz in Hannover am Steintor öffentlich hingerichtet.

Er wurde am 13. September 1811 zu Hannover, des Königs Gnade unwürdig befunden, mit dem Schwerdte vom Leben zum Tode gebracht wegen der von demselben am 18. Juni d.J. zwischen Alten Ebstorf und Stadorf verübten Ermordung und Beraubung seines Mitknechtes Johann Heinrich Müller.

25. Mai 1813

UNGEWOLLTES KIND EINER DIENSTMAGD

Medingen: Die Wöchnerin hatte die Geburt verheimlicht, ihr Kind war dadurch verwahrlost und starb bald nach der Taufe. Es wurde zur Section nach Uelzen geholt

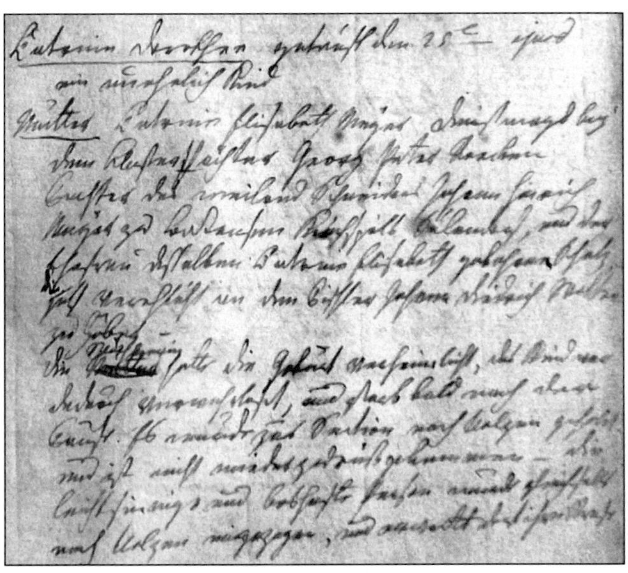

Bei der Mutter des verstorbenen Säuglings handelte es sich um Cathrine Elisabeth Meyer, die aus Batensen stammte und bei dem Klosterpächter Renke in Medingen als Dienstmagd angestellt war.

und ist nicht wieder zurückgekommen. Die leichtsinnige und boshafte Person wurde gleichfalls nach Uelzen eingezogen, und erwartet dort ihre Strafe.[6.8.]

13. Oktober 1813

EIN FINDELKIND VOR DER WOHNUNG DES AMTMANNS IN MEDINGEN

Verfasser dieser Zeilen war Daniel Friedrich Wolde (1769–1852), Pastor in Medingen von 1804 bis 1820.

Abends 7 Uhr wurde vor der Wohnung des H. Amtmanns Koch hierselbst ein Kind männlichen Geschlechts gefunden, welches etwa 3–5 Tage alt sein müsste. Es war mit einiger schlechter Kleidung versehen und fand sich sonst keine Spur, woraus man auf die Abkunft dieses Kindes schließen konnte. In zwei Hemden von weißem Kattun, die dabei waren, fand sich folgendes Zeichen: 36 RM und da keine schriftliche Nachricht dabei war, wurde es für ungetauft angenommen, und den 17ten Oct. von mir in meinem Hause getauft, da keine Gevattern sich dazu stellen wollten. Mit Bezug auf die in den

Paul von Hindenburg begrüßte in den 1920er-Jahren, während eines Besuches bei seiner Tochter in Medingen, die angetretenen Gendarmen. 1813 wurde hier das Findelkind vor der Wohnung des Amtmannes gefunden.

Hemden befindlichen Buchstaben und der Ort wo es gefunden, ist es Richard Meding genannt worden. Es ward einer Mutter, die ihr eigen Kind entwöhnte, der Schäferfrau Meyer in Medingen, übergeben, und von derselben gut gehalten, ist bereits den 2. Januar 1814 wieder verstorben. Man weiß von seiner Geschichte nichts zu sagen.[6.8.]

1838

MORD AUF DER LANDSTRASSE

Was mag sich am 28. März 1838 auf dieser Landstraße ereignet haben? Der 55-jährige unverehelichte Johann Wilhelm Endewart aus Heitbrack wurde morgens am Wege zwischen Bevensen und Klein Bünstorf todt aufgefunden. Grund des Todes war eine Stichwunde. Nach den von dem Königlichen Amtsgerichte angestellten Untersuchungen ist ein Selbstmord nicht anzunehmen.[6.1.]

9. August 1846

FELDJÄGER ERSCHIESST WILDDIEB

Stute, Christian Peter, Dienstknecht in Kettelstorf, starb den 9. August abends eines gewaltsamen Todes, in dem er als Wilddieb auf einer Flucht nach seinem Wohnort sein Gewehr auf geschehenen Anruf des ihn verfolgenden königlichen Feldjägers nicht wegwarf, tödlich verwundet und ward nach gerichtlicher Untersuchung beerdigt.[6.2.]

1847–1915

19. Oktober 1847

HINRICHTUNG IN BODENTEICH

Am 9. September 1847 wurde auf dem Marktplatz Gericht gehalten. Hier nun musste sich die Gattenmörderin Catharine Marie Hasse geb. Bley für ihr schweres Verbrechen verantworten. Mit den Worten *„Ich verkünde der versammelten Menge, daß Namens seiner Majestät des Königs in Untersuchungssachen gegen die Witwe Catharine Hasse, geborene Bley, wegen Ermordung ihres Ehemannes von uns, den Beamten des hochnotpeinlichen Halsgericht allhier soll gelegt und gehalten werden“*, eröffnete der Amtmann das Gericht. Mit erhobener Stimme wandte er sich an die Angeklagte: *„Sie ist vor dieses öffentliche Gericht gestellt, um noch einmal Gott und Wahrheit die Ehre zu geben und die von ihr begangene Missetat frei, reuhmütig und öffentlich vor der Welt einzugestehen. Ich frage Sie also: Hat sie am Abend des 5. Oktober 1845 ihren Ehemann, den Töpfer Hasse zu Bodenteich, mittels Durchschneidens der am Halse befindlichen großen Blutgefäße getötet?“*. Die 24-jährige Hasse antwortete mit einem lauten, freudigen *„Ja!“* und vollzog einen Knicks. Im Anschluss wurde das Urteil verlesen und der Amtmann Strohmeyer zerbrach einen weißen Stab, den er der Verurteilten vor die Füße warf und dabei äußerte: *„Das Urteil ist gesprochen, der Stab zerbrochen. Catharine Marie Hasse, Sie muß sterben.“* Nach der Übergabe an den Scharfrichter Fröhlich, wurde die Hasse zur Richtstätte verbracht. Nachdem sie in letzter Minute des Königs Gnade angerufen hatte, konnte die Hinrichtung, unter allgemeinem Bedauern, an diesem Tag nicht stattfinden. Nachdem der König von Hannover das Gnadenersuch geprüft und verworfen hatte, fand die Hinrichtung am 19. Oktober 1847 wie vorgesehen statt.

Der Chronik Bodenteich sind noch weitere Details zu entnehmen: Die Töpferfrau wurde auf dem Stuhl festgeschnallt und ihr Hals frei gemacht. Während der Knecht sie an den Haaren festhielt, holte der Scharfrichter Fröhlich zweimal zur Probe aus und schlug beim dritten Schlag den Kopf ab. Mit einem lauten *„Hurra!“* wurde der Kopf der begeisterten Menge präsentiert.[8]

Am Tage vor dieser Hinrichtung befragte der Scharfrichter Christian Ludwig Fröhlich den Amtsassessor Drewsen, ob er den Kopf der Hasse mit nach Celle nehmen dürfte, um ihn dem Canzlei-Auditor Bremer aushändigen zu können. Seinen Antrag bekräftigte Fröhlich mit einem Schreiben Bremers. Dem Antrag wurde nach Rücksprache mit dem Amtmann Stromeyer und dem Amtsassessor Sarnighausen stillschweigend stattgegeben. In den folgenden Wochen und Monaten mussten sich alle Beteiligten unangenehmen Fragen der Policey-Commission stellen und für diese Entscheidung rechtfertigen. Die Mitnahme des Kopfes kam ans Licht, nachdem der Kopf und das Richtschwert in einem Rasthof vor Celle herumgezeigt wurden. Am 16. Dezember 1847 gab Fröhlich zu Protokoll: „*Es ist richtig, daß ich das decullirte Haupt der Witwe Hasse mitgenommen, indem jemand den Schädel zu wissenschaftlichen Zwecken zu erhalten wünschte. Ich habe übrigens kein Verbot der Mitnahme des Kopfes gekannt und auch vorher die Beamten zu Bodenteich um Erlaubniß gefragt !*" Zu den Vorwürfen gab er weiterhin an: „*Was das Vorzeigen des Kopfes auf meiner Durchreise zu Celle anlangt, so hielt ich auf der Rückreise in Celle einen Rasttag und logierte daselbst, in dem vor der Stadt gelegenen Gasthofe zur Blumenlage. Während ich mich dort befand, haben sich nach und nach eine Menge neugieriger Personen aus allen Ständen dort eingefunden, und sich durch die Nachrichterknechte, die ich bei mir hatte, dort mein Scharfrichterschwert und den Kopf der Witwe Hasse vorzeigen lassen. Das Vorzeigen des Kopfes ist nicht gegen eine bestimmte Vergütung geschehen, obschon die Nachrichterknechte, wie ich vernommen, Trinkgelder, welche ihnen gegeben angenommen haben. Das Vorzeigen des Schwerdtes und Kopfes ist von den Nachrichterknechten nicht in der Wirthsstube, sondern in deren Zimmer geschehen, während ich ein anderes Zimmer hatte und nicht zugegen war.*"[1.1.]

1859

STREICH ENDET TÖDLICH

Johann Christoph Bischof unverehelichter Maurergeselle aus Höver. Bischof war am Abend des 2. Februar mit einigen anderen jungen Leuten vermummt in das Haus des Kötners Schenk in Höver gedrungen, um die dort aufgestellten beiden Wachen zu erschrecken und erhielt von diesen auf der Flucht aus dem Fenster vier Messerstiche in die Lende, an denen er verblutete. Die Thäter sind vom Obergericht zu Lüneburg freigesprochen worden. Der 23-Jährige wurde am 6. Februar 1859 beerdigt.[6.4.]

Ausschreiben

der

Königlichen Landdrostei zu Lüneburg

an

sämmtliche Obrigkeiten und Polizei-Behörden des Verwaltungs-Bezirks.

Lüneburg, den 22. April 1863.

Wir sehen Uns veranlaßt, den Obrigkeiten und Polizeibehörden Unseres Verwaltungsbezirks die Vorschriften Unserer Ausschreiben vom 1. Juni und 6. November 1847 in Erinnerung zu bringen, wonach von allen bemerkenswerthen Ereignissen und Polizei-Vorfällen, namentlich von erheblichen Feuersbrünsten, bedeutenden Überschwemmungen und Deichbrüchen, Mordthaten, Beraubungen, plötzlichen Todesfällen, epidemischen Krankheiten, Viehseuchen ꝛc., sowohl dem Königlichen Ministerium des Innern direct, als auch Uns eine sofortige berichtliche Anzeige gemacht werden muß.

Lüneburg, den 22. April 1863.

Königlich Hannoversche Landdrostei.

v. Issendorff.

Ein Ausschreiben der Kgl. Landdrostei zu Lüneburg vom 22. April 1863.

21. September 1867

DIENSTMAGD AUS BORG FÜR AUSWÄRTIGE KINDSTÖTUNG VERURTEILT

Heute gelangte das Verbrechen des Kindesmordes zur Aburtheilung, ohne daß eine weitere Beweisaufnahme als das Geständnis der Angeklagten Dienstmagd Marie Löwe aus Borg erfolgte, wie solches nach § 345 der neuen Strafprozessordnung zulässig ist. Der Gerichtshof erkannte in strafmildernder Berücksichtigung, daß die Angeklagte den Entschluß zur That erst nach der Geburt gefaßt und ihres reuigen Geständnisses auf 5 Jahre Zuchthaus. Über ihre That hatte die Angeklagte Folgendes angegeben: Sie sei unerwartet kurz vor Ostern d. Js. als sie bei Köthner Bostelmann in Bockhorn diente, nachmittags heimlich und hilflos mit einem Kinde weiblichen Geschlechts niedergekommen und habe dasselbe, weshalb sei ihr selbst nicht klar gewesen, erstickt indem sie ihm Mund und Nase zugehalten, darauf habe sie die Leiche drei Tage in ihrem Koffer versteckt gehalten und dieselbe dann mit einem Stein beschwert in eine auf dem Hofe befindliche Wassergrube geworfen, wo sie ihr Dienstherr auffand.[7.3.]

29. Januar 1868

DIEB MUSS SICH WIEDER EINEN BART WACHSEN LASSEN

Ein mehrfach bestraftes Subject ist dringend verdächtig wiederholt werthvolle Ballen Tuch von Rollwagen der Spediteure gestohlen zu haben. Nach der That war er so schlau, sich den ihn besonders kenntlich machenden, bis zur Brust herabfallenden Vollbart abzunehmen. Bei der hin und her schwankenden Recognition [Wiedererkennung] der Zeugen im Audienztermine beschloß nun der Gerichtshof, den Liebhaber fremder Tuche so lange in Haft zu behalten, bis ihm sein großer Bart vollständig wieder gewachsen ist, was allerdings etwas lange dauern kann.[7.1.]

13. März 1868

GEFÄNGNISSTRAFE FÜR MESSERSTECHEREI IN SECKLENDORF

Beim Gastwirt Lübbers in Secklendorf waren am 15. Dezember vorherigen Jahres abends mehrere Knechte versammelt. Es wurde daselbst der Musikus Schenk durch fünf Messerstiche verwundet, die eine etwa sechswöchige Krankheit und Arbeitsunfähigkeit des Verletzten zur Folge gehabt haben. Wegen dieser Körperverletzung werden die Dienstknechte Benecke, Ebel, Feldmann, J.J.H. Schulz angeklagt. Nach Verhandlung der Sache wird der Dienstknecht Benecke für überführt angenommen, dem Schenk die Messerstiche beigebracht zu haben, nachdem er von diesem thäthlich misshandelt und zum Zorn gereizt war, jedoch nicht im Zustande der Notwehr. Er wird zu 6 Wochen Gefängnis verurteilt. Die übrigen Angeklagten werden mangelnden Beweisen einer Beteiligung freigesprochen.[7.3.]

Der Herr Minister des Innern hat genehmigt, daß die Gendarmen in allen schleunigen Fällen, namentlich bei der Verfolgung von Verbrechern, da, wo Eisenbahnen vorhanden sind, sich derselben bedienen, und daß ihnen die wirklich gezahlten Kosten der Eisenbahnfahrt auf Grund der von der betreffenden Behörde hinsichtlich der Nothwendigkeit der Benutzung der Eisenbahn zu bescheinigenden Liquidationen aus dem Fonds zu allgemeinen polizeilichen Zwecken erstattet werden.

Wir eröffnen solches den Obrigkeiten und Königlichen Polizeidirectionen mit der Anweisung

1. die Gendarmen ihres Bezirks davon in Kenntniß zu setzen;
2. den betreffenden Liquidationen der Gendarmen, soweit nöthig, nach zuvoriger Benehmung mit der Kronanwaltschaft des Obergerichts oder mit dem Polizeianwalte, wenn kein Bedenken obwaltet, die vorgeschriebene Bescheinigung über die Nothwendigkeit der Eisenbahnfahrt hinzuzufügen und sodann
3. diese Liquidationen uns zur rechnungsmäßigen Feststellung und Zahlbarmachung vorzulegen.

Königlich Preußische Landdrostei.

Mitteilung der Königlich Preußischen Landdrostei vom 11. Mai 1868.

Uelzen. Dem hiesigen Schneider Herrmann wurde am 21. d. Mts., Nachmittags, bei der Budike am Bodenwalde eine neue Hose gestohlen. Der Dieb wurde von dem beritt. Landgensdarm Lohse sofort ermittelt und in das hiesige Gefägniß abgeliefert.

Das „Kreisblatt“ berichtete am 25. Oktober 1871 über den Diebstahl einer Hose.

15. Mai 1869

EHEFRAU AUS EIFERSUCHT ERMORDET

Über den im Dorfe Addenstorf von dem Hauswirth Hinrichs an seiner Ehefrau begangenen Mord und den Selbstmord des ersteren schreibt man, daß dieser grausen That eine, dem allgemeinen Urtheile nach jedoch unbegründete Eifersucht zu Grunde liegen soll. Die Leiche der Frau ist in einer in der Scheune befindlichen Vorrathskammer, diese selbst verschlossen gefunden. Die Leiche des Mannes hat in einem anderen Theile der Scheune auf Stroh gelegen. Der Schlüssel zu jener Vorrathskammer hat sich in einer Tasche des Mannes, in einer anderen Tasche ein blutiges Zuschlagmesser befunden. Ein blutiges Tischmesser hat an der linken Seite des Mannes gelegen. Die Frau hat eine bedeutende Schnittwunde am Halse gehabt, und lassen zerstreute Kleidungsstücke der Frau auf ein vorausgegangenes Hin- und Herzerren schließen. Am Manne sind beide Halsseiten, auch der linke Arm durchschnitten.[7.1.]

Die ermordete 45-Jährige wurde, wie auch ihr Ehemann, am 7. Mai 1869 in Bevensen beigesetzt. Aus dem Begräbniseintrag des Ehemannes geht hervor, dass dieser sich bereits seit längerer Zeit in einem Zustand von Geistesverwirrung befunden hat und daher als unzurechnungsfähig angesehen wurde.[6.1.]

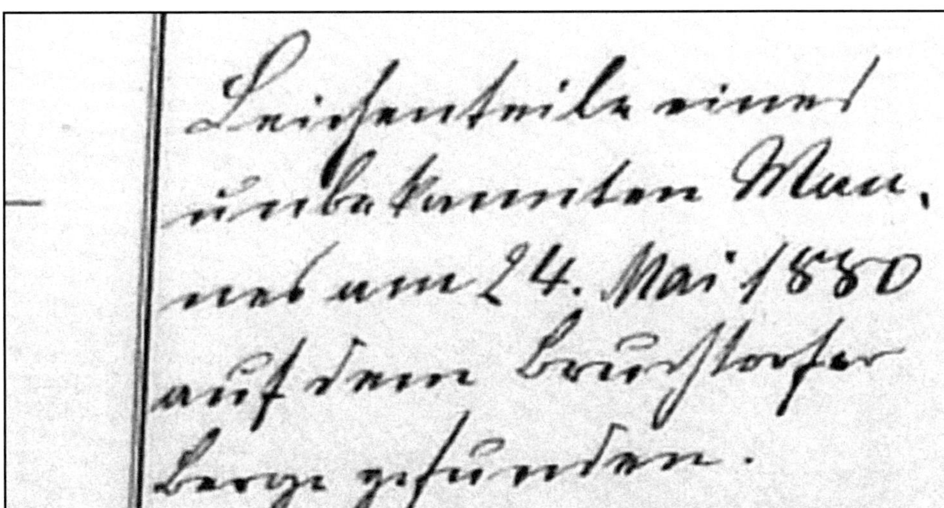
Leichentheile eines
unbekannten Mann,
und am 24. Mai 1880
auf dem Bruchtorfer
Berge gefunden.

Im Kirchenbuch Bevensen wurde im Begräbniseintrag vom 27. Mai 1880 folgender Hinweis vermerkt: „Leichenteile eines unbekannten Mannes am 24. Mai 1880 auf dem Bruchtorfer Berge gefunden".

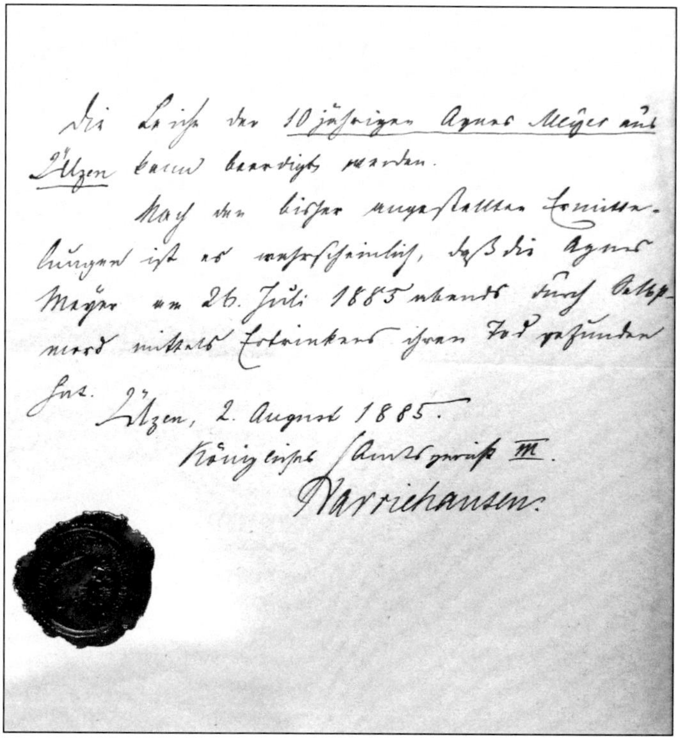

Die Leiche der 10jährigen Agnes Meyer aus Ülzen kann beerdigt werden.
Nach den bisher angestellten Ermittelungen ist es wahrscheinlich, daß die Agnes Meyer am 26. Juli 1885 abends durch Selbstmord mittels Ertrinkens ihren Tod gefunden hat.
Ülzen, 2. August 1885.
Königliches Amtsgericht III.

Beerdigungsschein der erst 10-jährigen Agnes Meyer aus Uelzen. Den Angaben nach soll das Mädchen im Jahre 1885 durch Selbstmord mittels Ertrinkens ihren Tod gefunden haben.

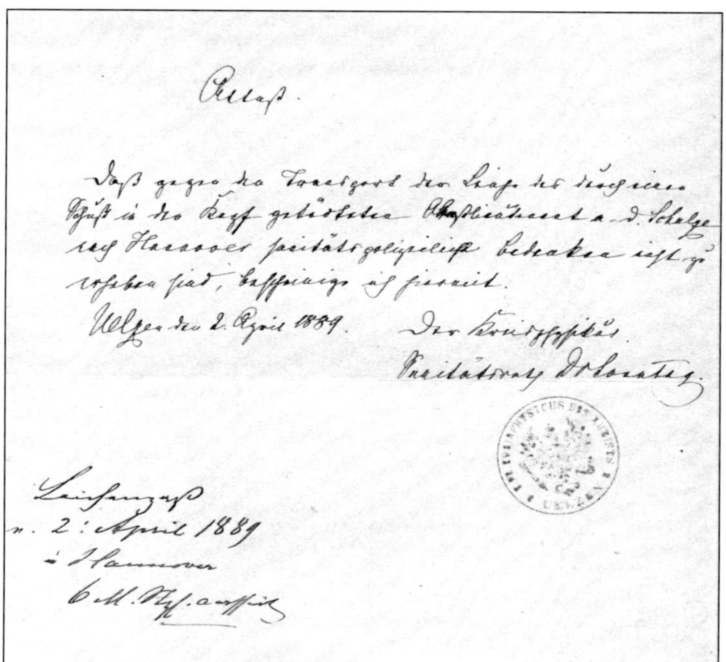

Erlaß.

Daß gegen den Transport der Leiche des durch einen Schuß in den Kopf getödteten Oberstlieutenant a. D. Schulze nach Hannover sanitätspolizeiliche Bedenken nicht zu erheben sind, bescheinige ich hiermit.
Uelzen den 2. April 1889.

Leichenpaß
v. 2. April 1889
n. Hannover

Leichenpass des durch einen Schuss in den Kopf getöteten Oberstleutnants a.D. Schulze aus dem Jahre 1889.

30. April 1907

FUND EINER KINDERLEICHE IN PRIELIP

Uelzen, 25. April 1907: Dieser Tage wurde in Prielip, Kreis Uelzen, die Leiche eines neugeborenen Kindes aufgefunden. Nachdem die Gerichtskommission an Ort und Stelle erschienen war, wurde die Haustochter d. B. von Prielip unter dem Verdachte des Kindsmordes verhaftet und in das Gerichtsgefängnis in Uelzen eingeliefert.[7.2.]

30. Mai 1907

RÄUBER GEFASST

Uelzen: Dem hiesigen Gerichtsgefängnis sind zwei Gauner eingeliefert, von denen der eine ein wegen Körperverletzung steckbrieflich verfolgter Mühlenknecht aus der Alfelder Gegend ist. Die beiden Strolche hatten einen alten Wanderkollegen, der für sie nicht weiter bezahlen wollte, auf der Landstraße niedergeschlagen und seiner Barschaft und Papiere beraubt und wurden in Wittingen verhaftet. Vermutlich sind die Verhafteten identisch mit den Wegelagerern, die eine Radfahrerin auf dem Wege von Schafwedel nach Bodenteich anhielten und zur Herausgabe ihres Geldes zwangen. Da am Tage vorher in den benachbarten Orten Wieren und Overstedt verschiedene Einbrüche stattfanden, bei denen Geld, Schmucksachen und Lebensmittel den Dieben in die Hände fielen, so ist es nicht ausgeschlossen, daß in den Verhafteten auch die Einbrecher dingfest gemacht sind.[7.2.]

31. Juli 1907

JUNGES MÄDCHEN IN KROITZE VERGEWALTIGT

Ein schweres Sittlichkeitsverbrechen wird aus Kroitze gemeldet. In voriger Woche wurde nachts ein junges Mädchen in ihrer Schlafkammer vergewaltigt. Die Unholde, es waren zwei Knechte, hatten die Bedauernswerte an Händen und Füßen gefesselt und ihr mit einem Knebel den Mund verstopft. In einem nicht zu beschreibenden Zustande wurde das Mädchen am andern Morgen von ihrem Dienstherrn fast bewußtlos aufgefunden.

Die der Tat verdächtigen Knechte sind verhaftet und ins hiesige Gefängnis eingeliefert. Das Mädchen hat die Beiden als die Täter bezeichnet.[7.2.]

24. Januar 1908

FRECHER EINBRECHER IN EITZEN

Bienenbüttel, 22. Januar 1908: Bei einem Hofbesitzer im benachbarten Eitzen wurde vor einigen Nächten ein Einbruch verübt. Der Dieb, den man bereits am Nachmittag gesehen zu haben glaubte, stahl aus den Koffern zweier Mädchen ein Armband, einen Ring, ein Paar Strümpfe und ein Portemonnaie mit Inhalt. Durch das Geräusch des Mädchens wurde der Dieb einstweilen verscheucht, jedoch besaß dieser die große Frechheit, nach etwa ¼ Stunde zum zweiten Male dem Zimmer einen Besuch abstatten zu wollen, doch fand er dieses verschlossen. Die Polizei ist sofort benachrichtigt worden. Man soll dem Dieb auf der Spur sein.[7.2.]

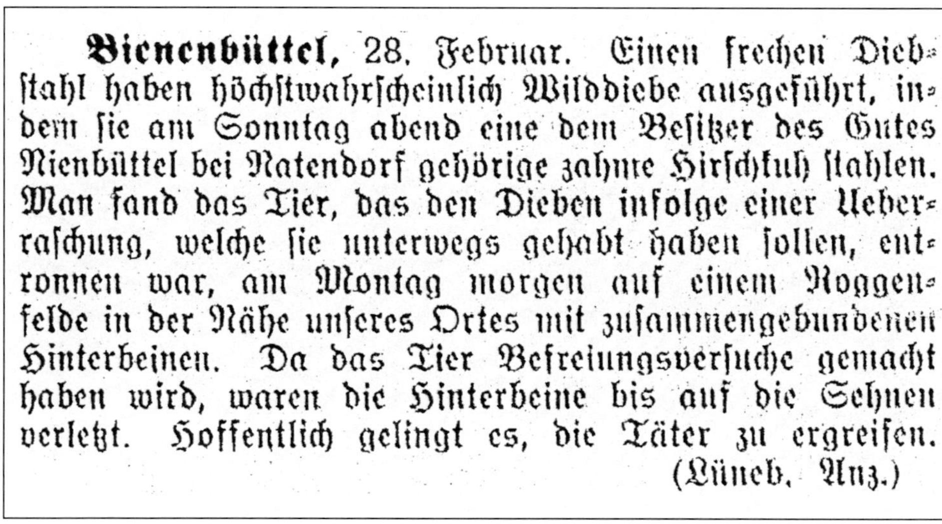

Bienenbüttel, 28. Februar. Einen frechen Diebstahl haben höchstwahrscheinlich Wilddiebe ausgeführt, indem sie am Sonntag abend eine dem Besitzer des Gutes Rienbüttel bei Ratendorf gehörige zahme Hirschkuh stahlen. Man fand das Tier, das den Dieben infolge einer Ueberraschung, welche sie unterwegs gehabt haben sollen, entronnen war, am Montag morgen auf einem Roggenfelde in der Nähe unseres Ortes mit zusammengebundenen Hinterbeinen. Da das Tier Befreiungsversuche gemacht haben wird, waren die Hinterbeine bis auf die Sehnen verletzt. Hoffentlich gelingt es, die Täter zu ergreifen. (Lüneb. Anz.)

Über einen Wilddiebstahl wird im Februar 1908 berichtet.

13. März 1908

VERGIFTETE FUTTERSCHWEINE

Suderburg, 12. März 1908: Ein Bubenstreich wurde, wie man uns mitteilt, in den letzten Tagen hier verübt. Dem Pächter eines Gutes wurden mittels Strychnin von 16 Futterschweinen 14 vergiftet; auch der Hofhund verendete an Vergiftung. Polizeiliche Nachforschungen nach dem Uebeltäter sind im Gange.[7.2.]

30. März 1908

UNSITTLICHES ATTENTAT VOR NIENDORF

Ein anscheinend beabsichtigtes unsittliches Attentat verübte gestern Nachmittag auf dem Wege nach Niendorf ein Einwohner aus dem Nachbardorfe auf eine nach Niendorf zurückkehrende Konfirmandin. Des Weges kommende Passanten verscheuchten den Mann und befreiten das geängstigte Mädchen. Ein zufällig in Niendorf anwesender Gendarm veranlasste die Aufnahme des Tatbestandes. Dem Vernehmen nach soll der Attentäter, der übrigens auch vorher schon Damen belästigt hatte, geistig nicht normal sein.[7.2.]

14. Mai 1908

TOTSCHLAG IN DER GASTWIRTSCHAFT

Bevensen, 13. Mai 1908: Heute in der frühen Morgenstunde wurde ein Tischlergeselle in der hiesigen Herberge (Gastwirtschaft Lehzen) von einem fremden Arbeiter im Bette überfallen und mit einer Schaufel derart zugerichtet, daß der Tod sofort eintrat. Der Uebeltäter wurde alsbald dem Amtsgerichts-Gefängnis Medingen zugeführt. Der Verbrecher ist erst vor kurzem aus dem Gefängnis entlassen. Heute Nachmittag erschien auch der Erste Staatsanwalt aus Lüneburg, um den näheren Tatbestand aufzunehmen. Dem Erschlagenen ist der Kopf total zertrümmert, auch ist am Arm eine schwere Verletzung zu konstatieren.[7.2.]

Bei dem Erschlagenen handelte es sich um den 49-jährigen Hermann Klink aus Grunau im Kreis Marienburg, der sich auf Wanderschaft befand. Er wurde am 15. Mai 1908 in Bevensen beigesetzt.

1909

WIRTSHAUSBESUCH MIT BLUTIGEM AUSGANG

Uelzen, 19. Januar 1909. Zwischen zwei hiesigen verheirateten Arbeitern entspann sich gestern Abend in einer hiesigen Gastwirtschaft ein Streit, in dessen Verlauf der eine den anderen mit einem Halbenliterglase dermaßen bearbeitete, daß letzterer nach Anlegung eines Notverbandes dem hiesigen Krankenhause zugeführt werden mußte.

Auf unsere Anfrage nach dem Befinden des Verletzten wurde uns mitgeteilt, daß derselbe zwar zahlreiche Wunden erhalten, jedoch eine unmittelbare Lebensgefahr nicht bestehe.[7.2.]

Uelzen, 25. März 1909: In der Strafkammerverhandlung zu Lüneburg wurde der Schmiedegeselle D. der den Arbeiter R. am 18. Januar in einer hiesigen Gastwirtschaft wegen einer geringfügigen Ursache ein Deckelglas auf dem Kopfe entzweischlug, wodurch der Getroffene mehrere Wochen arbeitsunfähig war, wegen gefährlicher Körperverletzung zu sechs Monaten Gefängnis, unter Berücksichtigung mildernder Umstände, verurteilt.[7.2.]

18. Februar 1909

MESSERATTACKE AUF ZWEI SCHULMÄDCHEN

Bevensen: Vor dem Schwurgericht in Lüneburg kam gestern der am 10. Dezember v. J. in der Nähe von Barum erfolgte Ueberfall auf die beiden Töchter des Hofbesitzers Meyer aus Barum zur Verhandlung. Des Ueberfalls angeklagt war der aus der Haft vorgeführte 22-jährige Schweizer Richard Hamann. Dem „Lüneburger Anz." entnehmen wir folgenden Verhandlungsbericht: Am 10. Dezember begegnete der Angeklagte per Rad auf der Straße von Bienenbüttel nach Uelzen die beiden Töchter des Hofbesitzers Meyer aus Barum, die von einer nach Medingen unternommenen Radtour heimkehrten. Diesen jungen Mädchen gegenüber hat der Angeklagte dann die Handlungen begangen, die der Beurteilung der Geschworenen unterliegen. Der Ueberfall des Angeklagten auf die harmlos des Weges daherradelnden Mädchen stellte sich als eine Tat dar, die jeder Beschreibung spottet. Sowohl die 15-jährige Henny wie die 20-jährige Amanda Meyer wurden durch Messerstiche schwer verletzt, die Henny lebensgefährlich. Glücklicherweise ist jetzt die Gefahr für die Verletzten beseitigt. Der Angeklagte, ein nur kleiner schmächtiger Mensch, ist im wesentlichen geständig. Der Direktor sowie der Hausvater der Anstalt, in welcher der Angeklagte früher untergebracht war, sagen aus, daß Hamann immer ein psychologisches Rätsel gewesen und zum mindesten geistig und moralisch minderwertig sei, wenn auch nicht in dem Maße, daß dadurch seine Verantwortlichkeit ausgeschlossen werde. Der Staatsanwalt beantragt eine Gesamtstrafe von fünf Jahren Zuchthaus und Aberkennung der bürgerlichen Ehrenrechte auf gleiche Dauer. Das Urteil lautet antragsgemäß. Der Angeklagte erklärt die Strafe sofort antreten zu wollen.[7.2.]

22. März 1909

ÜBERFALL AUF KONFIRMANDIN

Tätendorf: Gestern Mittag wurde auf die Konfirmandin Niebuhr, die sich auf dem Wege zur Kirche nach Barum befand, durch einen des Wegs kommenden Handwerksburschen ein Ueberfall verübt. Trotz sofort angestellter Recherchen gelang es nicht, den Betreffenden zu erwischen. Des Mädchens Kleidung war über und über durch den Straßenschmutz besudelt.[7.2.]

X Durch Spielerei mit einem geladenen Revolver schoß sich gestern nachmittag ein hiesiger Bäckerlehrling durch die Hand. Es wurde bei dieser Gelegenheit festgestellt, daß der Revolver durch minderjährige Personen käuflich erworben war. Hoffentlich dient dieser Fall zur Warnung.

Ein Zeitungsartikel über fahrlässigen Schusswaffengebrauch im Jahre 1909.

15. April 1909

TÖDLICHER MESSERANGRIFF AUF DEM NACHHAUSEWEG

Ostedt, 14. April 1909: Eine verhängnisvolle Bluttat ereignete sich am zweiten Festtage abends in unserem Orte. In der Grützmacherschen Gastwirtschaft war zu der betreffenden Zeit neben anderen Gästen auch der Arbeiter Oetke, gebürtig aus Kl.-Ellenberg, anwesend. Infolge eines Streites, der unter einigen Anwesenden ausgebrochen war, sah sich der Wirt veranlasst, einzuschreiten. Auf dem Nachhauseweg nun hat sich in der Dunkelheit ein bis jetzt nicht aufgeklärter Vorgang zugetragen: Vier Personen wurden durch Messerstiche verwundet, darunter am schwersten der Obengenannte. Diesem war das Gesicht schwer verletzt und außerdem hatte er Stiche in den Leib erhalten, die, wie die ärztliche Untersuchung später ergab, die Gedärme beschädigt hatten. Ein anderer hatte einen Stich in den Hals erhalten, der beinahe die Schlagader getroffen hätte. Die Verletzungen der Übrigen bestehen in Schnittwunden an Händen und am Bein. Nachdem sich der Arbeiter Oetke noch in seine nahe gelegene Wohnung geschleppt, wurde sofort der Arzt aus Suhlendorf requiriert, der nach Anlegung eines Notverbandes die sofortige Ueberführung desselben in das

Krankenhaus zu Uelzen anordnete, wo er am Dienstag in den frühen Morgenstunden eintraf. Der Verletzte war leider nicht mehr zu retten und ist nach qualvollem Leiden noch an demselben Tage verstorben. Der auf so schreckliche Weise ums Leben gekommene stand in den dreißiger Jahren und hinterlässt eine Witwe mit einem Kinde. Da der ganze Vorgang der Bluttat noch in geheimnisvolles Dunkel gehüllt ist, hat die Polizei sofort die Untersuchung aufgenommen. Gestern fanden deshalb hier die ersten Verhöre statt. Heute, Donnerstag, wird die Gerichtskommission hier eine lokale Besichtigung des Tatortes vornehmen.[7.2.]

1909

KINDERLEICHE IN DER ILMENAU GEFUNDEN

21. April 1909: Kindesmord? Heute gegen 11 Uhr wurde bei der Becker'schen Mühle eine Kindesleiche aus der Ilmenau gezogen, welche in einem Paket fest verpackt war.[7.2.]

22. April 1909: Zu dem gestern gemeldeten Fund einer Kindesleiche sei noch ergänzend bemerkt, dass dieselbe zunächst in Zeitungspapier und dann in starkem Packpapier verpackt war. Ob ein Mord vorliegt, d.h. ob das Kind bei der Geburt gelebt hat, wird die heute Nachmittag stattfindende Sektion ergeben, worauf dann die Nachforschungen nach der unnatürlichen Mutter beginnen werden.[7.2.]

23. April 1909: Durch die gestern stattgefundene Sektion der Kindesleiche wurde festgestellt, daß das Kind bei der Geburt gelebt hat; es liegt mithin Kindesmord vor. Weitere Anhaltspunkte sind nicht entdeckt.[7.2.]

1909

ENTSETZLICHER DOPPELMORD IN KLEIN BOLLENSEN

Uelzen, den 24. Juni 1909: Die Kunde von einem dreifachen Morde, der sich in verflossener Nacht in Kl. Bollensen ereignet haben sollte, durcheilte in den heutigen Vormittagsstunden unsere Stadt, überall größtes Entsetzen hervorrufend. Vorweg sei bemerkt, daß sich das Gerücht – wenigstens von einem Doppelmorde – leider bewahrheitet. Als der Milchmann der Molkerei heute früh die Milch vom Langeschen Hofe holen wollte, fiel es ihm auf, daß sie nicht wie sonst vor dem Hause stand. Er begab sich deshalb hinein und traf zunächst den alten Herrn Lange, der dem Milchmann die ungeheuerliche Mitteilung machte, daß seine Tochter, Frau Baucke, geb. Lange, sowie deren Schwester, Fräulein Emma Lange, in letzter Nacht im Bette ermordet seien. Sein Schwiegersohn, der Hofbesitzer Willi Baucke (aus Halligdorf gebürtig) sei ebenfalls schwer verwundet. Die Tat selbst scheint sich wie folgt abgespielt zu haben: Die Raubmörder – anscheinend handelt es sich um einen Raubmord – sind nachts zwischen 2 und 3 Uhr durch die Küchentür von außen eingedrungen und begaben sich zunächst in die anstoßende Kammer, in der Frl. Lange schlief. Auf diese feuerten sie einen Schuß ins Auge ab, der, den Schädel zertrümmernd, den sofortigen Tod herbeiführte. Durch das Geräusch war der nebenan schlafende Hofbesitzer Baucke erwacht, der sofort in dieser Kammer erschien. Die Räuber feuerten auch auf ihn einen Schuß ab, der ihn in die Brust traf, jedoch nicht tödlich wirkte. Nachdem dieser nun auch unschädlich gemacht war, setzten sie ihr blutiges Handwerk noch fort, indem sie in die Kammer des Ehepaares eindrangen und der jungen Frau Baucke einen sofort tödlich wirkenden Schuß in den Kopf beibrachten.[7.2.]

Uelzen, 25. Juni 1909: Der Doppelmord in Kl. Bollensen und die mit demselben verknüpften Nebenumstände halten in unserer Stadt sowohl wie auf dem Lande noch alle Welt in Atem. Gestern Nachmittag traf in Kl. Bollensen am Orte der Tat die Kgl. Staatsanwaltschaft ein, die in Gemeinschaft mit dem Herrn Kreisarzt Dr. Itzerott den Tatbestand aufnahm. Herr Photograph Zander von hier machte photographische Aufnahmen von den Ermordeten und photographierte auch den Hof mit dem Wohngebäude. Da der auf dem Hof befindliche offene Ziehbrunnen in den Angaben des verwundeten Hofbesitzers Baucke eine Rolle spielte, wurde derselbe gestern Nachmittag ausgeleert mit dem Erfolge, daß man in demselben einen sechsläufigen Revolver, der noch mit einer Patrone geladen war, sowie 18 Patronen und ein Taschenmesser vorfand. Blutspuren sind in der Küche, sowohl als auch an dem Hebel des Brunnens entdeckt. Bei der Besichtigung der beiden Frauenleichen wurde noch festgestellt, daß der Mörder der Frau Baucke außer dem tödlichen Schuß auch noch den Hals teilweise durchschnitten hat. Über das Befinden des verwundeten Hofbesitzers Baucke im hiesigen Krankenhause wird uns ärztlicherseits mitgeteilt, das dasselbe – den Umständen nach – als befriedigend bezeichnet werden kann. Die in der Brust eingedrungene Kugel ist noch nicht entfernt.[7.2.]

Uelzen, 23. Oktober 1909: Die grässliche, Entsetzen erregende Mordtat, die in der Nacht zum 23. Juni d. Js. zwei blühende Menschenleben, die Töchter des Hofbesitzers

Lange in Kl. Bollensen, vernichtete und s. Zt. Im ganzen Kreise und weit darüber hinaus das größte Aufsehen erregte, soll nun seine gerichtliche Sühne finden. Aufsehen erregte die grausige Tat um deswillen, weil man, nachdem der Hofbesitzer W. Baucke sich selbst als Täter bekannt hatte, umsonst nach der Ursache forschte, die ihn zu der unglückseligen Tat veranlasst. Man wusste, dass der Urheber des Verbrechens in guten Verhältnissen lebte, sowie weiter, daß er erst vor einem halben Jahre den Ehebund geschlossen und in anscheinend glücklicher Ehe lebte. Der Angeklagte Baucke, der bekanntlich s. Zt., nachdem seine Wunde geheilt, als Untersuchungsgefangener nach Lüneburg transportiert wurde, ist dort u.a. auch in der Irrenanstalt auf seinen Geisteszustand untersucht.[7.2.]

Uelzen, 25. Oktober 1909: Der Hofbesitzer W. Baucke wird wegen Mordes, begangen an seiner Ehefrau Ella und seiner Schwägerin Emma in jedem Falle zum Tode und wegen Meineide zu einem Jahr Zuchthaus verurteilt. Ferner werden dem Angeklagten die bürgerlichen Ehrenrechte aberkannt und ihm die Kosten des Verfahrens auferlegt.[7.2.]

Uelzen, 10. Februar 1910: Der wegen Ermordung seiner Ehefrau und seiner Schwägerin vom Schwurgericht zweimal zum Tode verurteilte 26 Jahre alte Hofbesitzer Wilhelm Baucke aus Kl. Bollensen ist laut gestern Vormittag eingetroffenen Allerhöchsten Erlasses vom Kaiser zu lebenslänglichem Zuchthaus begnadigt worden.[7.2.]

13. Januar 1910

ZIVILCOURAGE NACH ÜBERFALL AUF EIN JUNGES MÄDCHEN

Ebstorf, 11. Januar 1910: Gestern Abend wurde bei Altenebstorf ein junges Mädchen von einem Manne angefallen. Glücklicherweise hörte ein Bewohner des Ortes das Schreien des Mädchens und eilte schnell darauf zu. Als das der Angreifer bemerkte, suchte er schleunigst das Weite. Jedoch sein Verfolger gab sich nicht eher zufrieden, bis er festgestellt hatte, wohin sich der Attentäter gewendet. Als ersterer bemerkte, daß er in der hiesigen Herberge zur Heimat eingekehrt war, begab er sich schleunigst zurück zu dem angefallenen Mädchen und benachrichtigte einen Gendarmen, der die sofortige Verhaftung des Mannes vornahm. Der Verhaftete wurde heute dem Gerichtsgefängnis in Uelzen zugeführt.[7.2.]

1. März 1910

FRAU EINES GASTWIRTS SCHWER VERLETZT

Brockhöfe, 28. Februar 1910: Gestern entspann sich in der Gastwirtschaft von Hösten zwischen polnischen Arbeitern eine Schlägerei. Als der Wirt Feierabend gebot und die Gesellschaft hinauswerfen wollte, kam ihm auch seine Frau zur Hilfe, indeß wurde diese durch Messerstiche am Arm gefährlich verletzt, so daß sie sich in ärztliche Behandlung begeben mußte. Die Attentäter sind heute verhaftet und dem Gefängnisse in Uelzen zugeführt.[7.2.]

Die drei verhafteten Arbeiter wurden am Abend des 28. Februar dem Uelzener Gefängnis zugeführt. Dem Gefangenenbuch des Jahres 1910 lässt sich entnehmen, dass sich die drei als „Complicen" geführten Personen bis zum 1. April in diesem Gefängnis befunden haben. Der Austritt ist ohne Hinweis auf den weiteren Verbleib angegeben.[5]

18. April 1910

FRECHE SCHWEINEDIEBE

Ebstorf, 17. April 1910: Die frechen Diebe, die aus dem Stalle des Hofbesitzers Marwede in Teendorf zwei schwere Schweine nicht nur stahlen, sondern auch gleich an Ort und Stelle schlachteten, sind bei Lüneburg ermittelt. Es ist eine Zigeunerbande, die in der fraglichen Nacht in Teendorf übernachtete. Bei der ersten Durchsuchung hatten sich Spuren nicht ergeben. Die Diebe scheinen das Fleisch zunächst eingegraben und erst am zweiten Tage geholt zu haben.[7.2.]

9. Mai 1910

14-JÄHRIGE AUF DEM LOHNBERG ÜBERFALLEN

Bevensen, 8. Mai 1910: Ueberfallen von einem Strolch wurde heute Mittag auf dem Lohnberge die 14-jährige Haustochter W. aus Eppensen, welche sich auf dem Wege nach hier zum Nachmittagsgottesdienste befand. Der Strolch forderte von ihr alles, was sie bei sich hatte und sie gab ihm das Geld. Der Strolch suchte, nachdem er von einem des Weges kommenden Mann erblickt wurde, das Weite. Die W. fand man in Angstzuständen im Graben liegend. Der hinzugekommene Mann eilte zum Polizeidiener, welcher sich dann auch sofort mit dem Polizeihund „Hexe von Breitenstein" zur Suche aufmachte. Der Hund nahm die Spur sofort auf übers Feld nach Klein Bünstorf und weiter nach Jastorf, verlor dann aber leider nach und nach die Spur; auch die Suche durch einen Lüneburger Polizeihund war leider ohne Erfolg. Infolge obigen Vorfalls wurden zwei Männer verhaftet, welche mit Obigem aber nicht in Verbindung stehen.[7.2.]

30. Juni 1910

JUNGES MÄDCHEN MIT SCHROTGEWEHR GETÖTET

Stederdorf: Der hier am letzten Sonntag sich stattgefundene schwere Unglücksfall, durch den ein blühendes Menschenleben vernichtet wurde, hat insofern noch ein Nachspiel, als heute die Leiche des Mädchens auf Veranlassung des Kriegsgerichts noch einmal ausgegraben wird, jedenfalls um festzustellen, ob der Schrotschuß, den die Unglückliche erhielt, die unmittelbare Todesursache bildete. Anscheinend beabsichtigt man, kriegsgerichtlich gegen den Musketier F. vorzugehen. Es sei bei dieser Gelegenheit noch erwähnt, daß der unglückselige Vorgang sich wie folgt abspielte: Der 16-jährige Sohn des Hofbesitzers Endeward beschäftigte sich mit einem Tesching, daß er dem auf Urlaub hier anwesenden Musketier Fehlhaber auf dessen Bitte über den Zaun reichte; kurz nachher hat sich die Waffe auf bisher ungeklärte Weise entladen, und das Geschoß drang der 13-jährigen Tochter Emma Endeward, die sich mit einer Freundin in unmittelbarer Nähe befand, in die Augenhöhle. Inwieweit man nun dem Soldaten, der durch einen unglücklichen Zufall in diese unselige Affäre verwickelt ist, eventuell Fahrlässigkeit nachweisen kann, wird die Untersuchung ergeben.[7.2.]

12. August 1910

RAUFEREI MIT TÖDLICHEM AUSGANG

Bienenbüttel, 9. August 1910: Im benachbarten Dorfe Steddorf kam es in der Nacht vom Sonntag auf Montag gelegentlich eines Streites zwischen jungen Leuten zu einer Schlägerei, wobei auch das Messer eine traurige Rolle spielte. Der hiesige Knecht Loewig erhielt mehrere Messerstiche in den Unterleib, sodaß er sofort ärztliche Hilfe in Anspruch nehmen mußte. Der herbeigerufene Arzt versah den Verletzten mit einem Notverband und veranlaßte dessen sofortige Ueberführung in das Städtische Krankenhaus zu Lüneburg, wo er seinen Verletzungen bereits erlegen ist. Die Verhaftung der Messerhelden ist bereits erfolgt.[7.2.]

= **Medingen,** 25. Novbr. Unvorsichtigkeit. Der etwa 7jährige Junge des Einwohners K. von hier, welcher mit einem Tesching schießen wollte, was er übrigens schon wiederholt getan hatte, verletzte seinen 4jährigen Bruder durch einen Schuß in den Oberschenkel so, daß ärztliche Hilfe in Anspruch genommen werden mußte. Es kann nicht oft genug gewarnt werden, Kindern keine Schußwaffen zur Verfügung zu stellen.

Ein Vierjähriger wurde 1910 von seinem Bruder angeschossen.

Uelzen, den 22. Februar 1911.

(!) **Erschossen** hat sich auf dem hiesigen neuen Friedhofe ein 25—30jähriger Mann, der heute morgen dort tot aufgefunden wurde. Anwohner haben gestern abend gegen 9 Uhr den Schuß fallen hören, ihm aber keine Bedeutung beigemessen. Die Persönlichkeit des Toten konnte bisher nicht festgestellt werden. Der Lebensmüde hatte vor der Tat seinen Stock in die Erde gestoßen und seinen Hut darauf gehängt.

Wie wir soeben hören, soll der Tote der Sohn eines früheren hiesigen Postassistenten sein, der sich am Grabe seiner Vaters den Tod gegeben hat.

Auch Suizide, wie dieser Fall aus dem Jahre 1911, beschäftigten die Gendarmerie.

7. Juni 1911

SCHÜSSE IM VEREINSLOKAL

Kirchweyhe: Eine böse Tat verübte in vorletzter Nacht gegen 3 Uhr hier ein Knecht des Gastwirts Herrn Buhr, der bei letzterem seit vier Monaten bedienstet war. Der Knecht war anläßlich des Vergnügens des hiesigen Radfahrervereins „Freiweg“ nach dem Manekeschen Lokale gekommen und soll dort schon geäußert haben, daß er einmal schießen wolle. Er holte dann plötzlich einen sechsläufigen Revolver hervor und gab fünf Schüsse hintereinander auf die Anwesenden ab. Der sechste versagte, die Kugel blieb im Laufe stecken. Eine Kugel traf einen galizischen Knecht aus Westerweyhe und drang diesem in den Backenknochen, wo sie jetzt noch sitzt. Der Knecht wurde dem Uelzener Krankenhause zugeführt. Der Täter entfernte sich nach der Tat, war am gestrigen Morgen aber auf seiner Dienststelle, kündigte und verließ letztere wieder. Er wurde später in der Nähe der Zuckerfabrik gesehen, ist auch wieder nach Kirchweyhe gewandert, wo er beobachtet wurde, man ihn festzunehmen sich aber nicht getraute, und tauchte endlich abends auf Störtenbütteler Gebiet wieder auf. Von dort wurde der zuständige Gendarmeriewachtmeister requiriert, der per Rad sofort ankam und die Verfolgung des Knechtes aufnahm. Man fand ihn endlich gegen 9 Uhr, glatt auf der Erde liegend und verhaftete ihn. Seine vorgestreckten, in der Dämmerung hervorschimmernden Hände waren ihm zum Verräter geworden.[7.2.]

Der 21-jährige Knecht Karl F. wurde eine Stunde nach seiner Festnahme dem Königlichen Gefängnis zugeführt und am 1. Juli 1911 nach Lüneburg transportiert. Der Tatvorwurf lautete „schwere Körperverletzung“.[5]

2. Februar 1912

HANDGREIFLICHKEITEN AUF DER LÜNEBURGERSTRASSE

Eine Ansicht der Lüneburger Straße um 1917.

Uelzen: Ein Rohheitsakt, der den aktiv Beteiligten sicher noch eine unangenehme Nachwirkung bringen wird, ereignete sich gestern Abend nach 11 Uhr auf der Lüneburgerstraße. Ca. zehn junge Leute sahen sich in ihrem Uebermute gemüßigt, zwei des Weges kommende Männer, die ein Pferd nach Bevensen bringen wollten, zu belästigen. Nachdem die belästigte Partei sich dieses energisch verbat, wurde man diesseits handgreiflich, wobei der eine der beiden Bevenser ziemlich schwere Verletzungen am Kopfe davontrug. Durch einige von den Angegriffenen abgegebene Schreckschüsse wurde die Polizei alarmiert, die auch vier der jungen Leute namentlich feststellte. Das Sprichwort „Uebermut tut selten gut" bewahrheitet sich hier einmal wieder.[7.2.]

× **Spurlos verschwunden** ist seit dem 2. Januar ein 16jähriger Schneiderlehrling aus Kl. Süstedt. Derselbe war bei seinen Eltern in hiesiger Stadt zu Besuch und ist zu seiner Arbeitsstelle nicht zurückgekehrt. Es wird angenommen, daß demselben ein Unglück zugestoßen ist. Der junge Mann ist 160—165 Zentimeter groß, hat hellbl. Haar, blaue Augen, schmales Gesicht und hat blasse Gesichtsfarbe. Bekleidet ist derselbe mit schwarzen Schlapphut, grau gestreiften Ueberzieher, grau karr. Anzug und schwarzen Schnürstiefeln; er trägt weiße Wäsche und blauen Schlips und ist ohne Papiere und jegliche Mittel. Etwaige Spuren von dem Vermißten werden an die Stadtpolizeibehörde in Uelzen erbeten.

Eine Vermisstenmeldung und ein Handtaschendiebstahl mit glücklichem Ausgang, 1912.

— **Kirchweyhe,** 4. März. Einen frecher Raubanfall begingen gestern nachmittag 3 Uhr vier der Lehre entlaufene Lehrlinge, die aus der Gegend von Pyrmont stammen. Einer der Jungen entriß einer von zwei Damen, die sich nach Uelzen begeben wollten, eine Handtasche und suchten das Weite. Zufällig kam des Weges ein Auto des Herrn Schulz, welches sofort die Verfolgung aufnahm. Die vier Jungen wurden auch eingeholt und der Polizei übergeben. Vielleicht haben die Herrschaften noch mehr auf dem Kerbholze.

11. Juni 1912

FRAU IN LINTZEL ERSTOCHEN

Lintzel, Mord? Ein schweres Verbrechen wurde gestern hier dadurch verübt, daß eine hiesige Frauensperson von einem Unbekannten erstochen wurde. Der Tatbestand wurde heute früh durch den Gendarmeriewachtmeister Brandt in Ebstorf der Uelzener Polizei gemeldet. Der Täter, der sich nach Ansicht der Polizei nach Uelzen gewandt hat, und von da nach Bremen zu fahren beabsichtigt, wird wie folgt beschrieben: 25–30 Jahre alt, 1,70 Meter groß, trägt kurzen hellen Schnurrbart, linkes Auge kleiner wie das rechte. Der Unbekannte trägt dunklen Anzug, hellkarierte Radfahrermütze, Radfahrerumhang mit hellblauem Tuchkragen, Radfahrergamaschen und führt ein Fahrrad bei sich. Hoffentlich gelingt es den Bemühungen der Polizei den Fremden festzunehmen.[7.2.]

16. September 1913

FLÜCHTIGER VERGEWALTIGER GEFASST

Lopau, 15. September 1913: Am verflossenen Freitag gelang es dem Gendarmeriewachtmeister Brandt auf dem Bahnhof Brockhöfe, den Töpferschen Gutsarbeiter Murk festzunehmen, der sich durch die Flucht der Bestrafung entzogen hatte, die er für die Vergewaltigung eines 12-jährigen Schulmädchens in Lopau zu verbüßen hat, der er hoffentlich jetzt sicher entgegensieht.[7.2.]

15. Dezember 1913

STRAFTÄTER IM JAGDHAUS GEFASST

Hösseringen, 15. Dezember 1913: Auf den sich in hiesiger Gegend umhertreibenden Arbeiter Habenicht aus Schelploh, der in der Umgebung bereits verschiedene Straftaten ausführte, und der jetzt auch durch Schießereien die Gegend unsicher macht, wurde gestern sowohl seitens der Uelzener als auch der Celler Gendarmerie eine Streife veranstaltet, deren Resultat leider ergebnislos verlief. Man nimmt an, daß sich der Genannte in dichten Tannenschonungen aufhält. Die Behörde richtet nun an die Bevölkerung die Bitte, sobald irgend eine verdächtige Person auftaucht, sofort den beiden vorläufig errichteten Gendarmerie-Kommandos in Hösseringen und Schelploh Mitteilung zu machen, damit durch die Festnahme des Burschen die Unsicherheit der hiesigen Gegend behoben wird. Dem Habenicht wird auch zur Last gelegt, gestern einen Einbruch in Jagdhäuser der hiesigen Feldmark unternommen zu haben.[7.2.]

Hösseringen, 17. Dezember 1913: Der Arbeiter Habenicht aus Schelploh, auf den die Polizei bekanntlich am Sonntag eine Streife veranstaltet hatte, ist jetzt durch die Gendarmerie in dem Jagdhause des Herrn Becker festgenommen.[7.2.]

> × **Verbrechen?** In der Feldmark Räber bei Suderburg, an der Bahnstrecke, Posten 40, ist heute früh der Bahnwärter Hinrichs aus Hösseringen erhängt aufgefunden. Hände und Füße waren ihm gebunden. Es liegt zweifellos ein Verbrechen vor.

1913 stand in der örtlichen Presse dieser Bericht über einen grauenhaften Leichenfund.

> × **Einem Schwindelmanöver,** das durchaus nicht neu ist, fiel am Donnerstag eine Frau in Johnsburg zum Opfer. Zu derselben kam ein Fremder und überreichte ihr ein Paket mit der Bemerkung, daß es von ihrem Manne sei und sie ihm 6 Mk. dafür geben möchte. Der Argwohn der Frau wurde durch den Fremden bald beseitigt und er erhielt die 6 Mk. Das Paket, von dem ihr Mann gar keine Ahnung hatte, enthielt eine Zigarrenkiste, vollgepfropft mit Papierschnitzeln vom „Hann. Anzeiger" und ein Quantum — Viehsalz. Wie uns noch mitgeteilt wird, sollte das Paket angeblich Zigarren enthalten. Der Schwindler ist mittelgroß und etwa 25 Jahre alt. — Dieser Vorfall möge den Frauen zur Warnung dienen!

Ebenfalls von 1913 ist diese Warnung vor einem Betrüger.

20. Juni 1914

EINBRUCH MIT GLÜCKLICHEM AUSGANG

Seedorf, 19. Juni 1914: Ein Einbrecher versuchte in der letzten Nacht gegen 1 Uhr in der Wohnung des hiesigen Lehrers durch das Stallgebäude einzudringen; da er indes merkte, dass der Lehrer noch wach war, entfernte er sich schleunigst auf einem im Schuppen stehenden Fahrrad. Heute Morgen traf der Ratsdiener Beyer aus Bevensen mit dem Polizeihund „Hexe von Breitenstein" hier ein und nahm der Hund sofort die Spur auf, die mehrmals ums Haus führte. Die Spur konnte nicht weiter verfolgt werden, da wie schon oben erwähnt, der Einbrecher (der übrigens genaue Ortskenntnis besessen haben muß) zu seiner Flucht ein Fahrrad benutzte.[7.2.]

23. Juni 1914

VERURTEILUNG EINES SITTENSTROLCHES

Lüneburger Schwurgericht: Die zweite diesjährige Schwurgerichtsperiode nahm gestern mit der Aburteilung zweier Sittenverbrecher ihren Anfang. In dem ersten Fall, der wie der folgende unter Ausschluß der Oeffentlichkeit verhandelt wurde, hatte sich der aus Alten-Ebstorf gebürtige 20 Jahre alte Dachdeckergeselle Heinrich Küster, zuletzt in Bevensen, gegenwärtig in Haft, zu verantworten. Der Angeklagte hatte am 11. Mai d.J. auf dem sogenannten Burchhardswege im Rießel zwischen Medingen und Bevensen an der 16-jährigen Dienstmagd H. aus Kloster Medingen mit Gewalt ein Sittlichkeitsverbrechen zu verüben versucht. Der Angeklagte, der geständig ist, schützte zu seiner Rechtfertigung Trunkenheit und epileptische Anfälle während seiner Kindheit vor. Die Geschworenen sprachen ihn der versuchten Notzucht unter Zubilligung mildernder Umstände schuldig, worauf ihn das Gericht unter Anrechnung von einem Monat Untersuchungshaft zu einem Jahr und sechs Monaten Gefängnis verurteilte.[4.1.]

13. Juli 1914

EINBRUCHSDIEBSTAHL IN UNBEWOHNTER VILLA

Tätendorf, 12. Juli 1914: In der Nacht von Freitag auf Sonnabend wurde hier in der unbewohnten Villa der Frau Rentier Hinrichs ein Einbruchsdiebstahl verübt. Die Diebe (man vermutet, daß es zwei gewesen sind) drangen durch ein Fenster in das

Haus ein und erbrachen einige Schränke, nahmen aber nur Bett- und Tischdecken sowie einen Anzug, im ganzen im Werte von ungefähr 200 Mk., mit. Der in das Haus Eingedrungene scheint dem unten Stehenden die Sachen aus dem Fenster zugeworfen zu haben. Der am anderen Morgen herbeigerufene Polizeihund aus Bevensen konnte, da die betreffenden Räume inzwischen von anderen Personen betreten waren, die Spur der Diebe nicht aufnehmen und die Nachforschungen des Ratsdieners Beyer, der vom Gendarmeriewachtmeister unterstützt wurde, verliefen resultatlos.[4.1.]

17. Juli 1914

VERURTEILUNG NACH UNZÜCHTIGEN HANDLUNGEN

Lüneburger Strafkammer: Wegen Sittlichkeitsverbrechens hatte sich der Mühlenarbeiter Ch. aus Bevensen zu verantworten. Der Angeklagte, der erst im April vorigen Jahres wegen eines ähnlichen Sittenverbrechens, das er in Gr. Thondorf verübte, acht Monate Gefängnis erhielt, hatte diesmal in Bevensen im Juni d.J. unzüchtige Handlungen an einem Schulmädchen vorgenommen. In der unter Ausschluß der Oeffentlichkeit geführten Verhandlung wurde seine Schuld festgestellt und er zu einem Jahr Gefängnis verurteilt.[4.1]

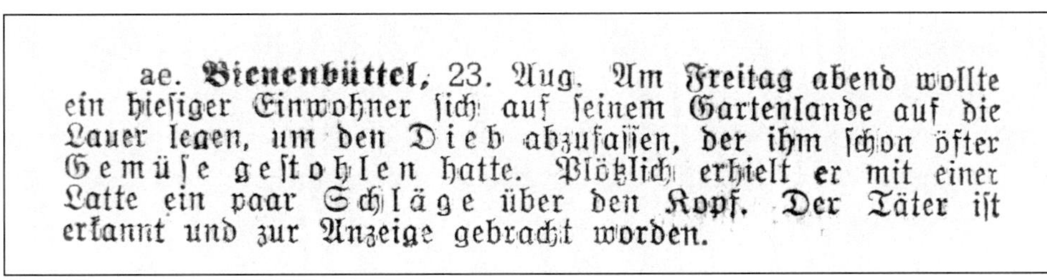

ae. **Bienenbüttel**, 23. Aug. Am Freitag abend wollte ein hiesiger Einwohner sich auf seinem Gartenlande auf die Lauer legen, um den Dieb abzufassen, der ihm schon öfter Gemüse gestohlen hatte. Plötzlich erhielt er mit einer Latte ein paar Schläge über den Kopf. Der Täter ist erkannt und zur Anzeige gebracht worden.

Ein Einwohner aus Bienenbüttel wurde 1914 das Opfer einer gefährlichen Körperverletzung.

28. Oktober 1914

EINBRUCHSDIEBSTAHL IN HANSTEDT II

Ein frecher Einbruchdiebstahl wurde in der Nacht vom 25. auf den 26.d.M. in der Meyer'schen Gastwirtschaft hieselbst verübt. Der Täter gelangte durch ein Fenster in die Gaststube, erbrach die Kasse des Musikautomaten und beraubte sie ihres Inhaltes. Da die Kasse der Schenke am Abend vorher entleert worden war, hatte der Dieb dort kein Glück. Von der Gaststube aus führten Sandspuren in das Entreezimmer, wo der Kassenschrank der Autogenossenschaft ebenfalls, wenn auch umsonst, erbrochen war. Nach den Fußabdrücken zu urteilen, hat der Dieb in Strümpfen gearbeitet. Stearintropfen weisen darauf hin, daß er sich einer Kerze zur Beleuchtung bedient hatte. Jetzt begab sich der nächtliche Besucher in das neben der Gaststube gelegene Eßzimmer, wo er reiche Beute machte. Ein bei M. wohnender Gast hatte in dem Zimmer seine Jagdutensilien sowie einen sehr wertvollen photographischen Apparat nebst Zubehör stehen. Alle Gegenstände fehlten am Morgen, so daß ein Verlust von 1000 bis 1100 Mark zu verzeichnen war. Da es in der Nacht stark geregnet hatte, konnte der Polizeihund wenig ausrichten. Von dem Täter fehlt bislang eine sichere Fährte.[4.1.]

1. Dezember 1914

FORSTGEHILFE ENTDECKT EIN SKELETT

Ebstorf, 30. November 1914: Vor etwa sechs bis sieben Jahren verschwand plötzlich auf bisher unaufgeklärte Weise der im Süsing wohnhafte Forstarbeiter Harms. Die damals vorgenommenen umfangreichen Nachforschungen blieben gänzlich ohne Erfolg. Da Harms am Tage seines Verschwindens einen größeren Geldbetrag bei sich führte, wurde ein Überfall vermutet. Dieser Tage endlich scheint ein Licht in die beinahe vergessene Sache hineinzukommen. Vor einigen Tagen fand der Forstgehilfe Pr. aus Hanstedt etwa 30 bis 40 Meter vom Wege Hanstedt-Velgen unter Gestrüpp verborgen ein Skelett. Wie die von unserer hiesigen Gendarmerie bisher geführten Untersuchungen ergeben haben, ist die bei dem Skelett gefundene Uhr und das Portemonnaie, welches einen Inhalt von 2,01 Mark enthielt, als Eigentum des H. einwandfrei erkannt worden. Die nun folgende Untersuchung der Staatsanwaltschaft wird wohl noch nähere Aufklärung in diese Sache bringen.[4.1.]

16. Dezember 1915

SCHLÄGEREI MIT TODESFOLGE

Eine Schlägerei, die leider den Tod eines Menschen im Gefolge hatte, spielte sich am Montag in Wrestedt ab. Zwei dort untergebrachte Arbeiter, ein Oberschlesier und ein Russe, waren in Wortwechsel geraten, der später in Tätlichkeiten ausartete und wobei auch das Messer eine Rolle spielte. Bei dieser Schlägerei hat sich der Oberschlesier, ein

17-jähriger Bursche, um sich des Russen zu erwehren, angeblich eines Steines bedient, mit dem er seinen Gegner auf den Kopf schlug. Der Russe ist in der folgenden Nacht den erhaltenen Verletzungen erlegen; er soll, wie es heißt, außer Verletzungen am Kopfe auch eine große, anscheinend von einem Messerstich herrührende Wunde am Körper aufweisen. Der Täter wurde in der Nacht auf dem hiesigen Bahnhofe festgenommen und dem Gerichtsgefängnis zugeführt. Die eingeleitete Untersuchung wird wohl die wünschenswerte Aufklärung über den beklagenswerten Vorfall erbringen.[4.1.]

3. Mai 1915

PRÜGELEI MIT ANSCHLIESSENDEM TÖDLICHEM MESSERANGRIFF

Rätzlingen, 2. Mai 1915: Eine Schlägerei, die hier gestern Abend auf offener Straße stattfand, hat leider den Tod eines jungen Mannes im Gefolge gehabt. Fünf Dienstknechte aus Rosche hatten sich mit vier hiesigen Knechten, die sie besuchen wollten, bei einem Fässchen Bier in der Burmestrischen Gastwirtschaft vereinigt. Gegen 11:45 Uhr verließen sie die erwähnte Wirtschaft und begaben sich nun auf den Hof der Schröderschen Gastwirtschaft, wo sie Lärm machten, angeblich um die Mädchen zu necken. Einige unbeteiligte junge Leute aus Rätzlingen suchten sie mit dem Hinweis auf die jetzige Kriegszeit zur Ruhe zu bringen; darüber aufgebracht, gerieten die Roscher mit den Ruhestiftern ins Handgemenge, und hierbei zog der 19-jährige Dienstknecht Hermann Behn aus Prielip ein Taschenmesser, mit dem er dem 18-jährigen Haussohn Friedrich Jauch von hier einen Stich in den Hals versetzte, der die Halsschlagader durchschnitt, so daß der Gestochene bereits nach etwa zehn Minuten an Verblutung starb. Der Dienstknecht Adolf Schulze von hier, der sich in Begleitung des Jauch befand und ebenfalls in die Schlägerei verwickelt worden war, lief einige Schritte fort, wurde aber von einem der Roscher eingeholt, der ihn zu Boden warf, ihm einige Fußtritte gab und ihn durch einen Stich in den Rücken verletzte, so daß er sich in ärztliche Behandlung begeben musste. Sch. behauptet, in seinem Angreifer den Dienstknecht Hermann Eggers aus Rosche, 20 Jahre alt, erkannt zu haben. Behn und Eggers sind heute Nachmittag, nachdem hier an Ort und Stelle ein gerichtlicher Lokaltermin abgehalten war, verhaftet und in das Gerichtsgefängnis nach Uelzen gebracht worden, während die übrigen Beteiligten nach der Vernehmung wieder auf freien Fuß gesetzt wurden. Behn, bei dem ein blutiges Taschenmesser, ein blutiger Schlagring usw. gefunden wurden, gab nach kurzem Leugnen die Tat zu, während, wie man hört, Eggers vorläufig noch leugnet.[4.1.]

30. Mai 1915

MÄDCHEN IN DER STADTFORST ÜBERFALLEN

Ein Raubüberfall wurde heute Vormittag gegen 9 Uhr an einem jungen Mädchen E.M. aus Westerweyhe in unserer Stadtforst verübt. Die M. befand sich auf dem Heimwege von der Stadt auf dem Westerweyher Wege, als sie plötzlich von einem Manne Anfangs der 30er angefallen wurde. Der Kerl schleppte sie in das Gehölz, wo er ihr die Hände zusammenband. Während er dann das Rad der M. herbeiholen wollte, flüchtete die Überfallene und kam in Begleitung eines Westerweyher Einwohners, der sich zu Rad auf dem Wege zur Stadt befand, hier an, wo alsbald Polizei und Gendarmerie benachrichtigt wurden. Trotz der sofort eingeleiteten Nachforschungen war aber auch bei längerem Suchen keine Spur des Übeltäters zu finden, dem auch noch eine Handtasche mit etwa 40–50 Mk. Geld in die Hände gefallen ist.[4.1.]

15. Juni 1915

12-JÄHRIGE BRANDSTIFTERIN ENTLARVT

Walmstorf, 13. Juni 1915: Auf dem Hofe des Gemeindevorstehers Niebuhr hieselbst, wo erst am 3. Juni einige Gebäude anscheinend durch Brandstiftung eingeäschert wurden, hatte man am letzten Donnerstag abermals ein Schadenfeuer zu bekämpfen. Es brannte diesmal ein Nebengebäude, das die Wagenremise, die Wohnung für die Rübenarbeiterinnen und einige Vorratsräume enthielt; das Gebäude ist dem Feuer, das um 1:30 Uhr entstand, zum allergrößten Teil zum Opfer gefallen; nur der erwähnte Wohnraum blieb ziemlich verschont. Die Feuerwehr unseres Nachbarortes Emmendorf war wieder sehr schnell zur Stelle und nahm energisch die Bekämpfung des Feuers in die Hand, unterstützt von einigen benachbarten Wehren; doch vermochte man bei der großen Trockenheit das Gebäude nicht zu retten. Erfreulich ist es, das der Brandstifter diesmal ermittelt wurde, und zwar in der Person eines 12-Jährigen, aus Harburg stammenden Mädchens, das N. vor fünf Jahren in gutherziger Weise angenommen hatte und das nun die ihm erwiesenen Wohltaten in so schnöder Weise lohnt. Das Kind gestand ein, auch den ersten Brand verursacht zu haben, konnte aber einen Grund für seine verbrecherischen Taten nicht angeben. Es dürfte jetzt wahrscheinlich in Zwangserziehung kommen.[4.1.]

1916–1929

27. März 1916

15-JÄHRIGER ERSCHIESST DIENSTMAGD

Hamerstorf, 24. März 1916: Die alte Geschichte. Durch Spielen mit einer Schusswaffe ist hier heute ein blühendes Menschenleben vernichtet worden. Der 15-jährige Haussohn H. Müller, Sohn des Hofbesitzers Herrn Müller hieselbst, machte sich auf dem Hof mit einem Tesching zu schaffen und soll dabei auf die in der Futterküche beschäftigte 18-jährige Marie Busse, die bei Hofbesitzer M. in Dienst stand, im Scherz angelegt haben. Der Schuß ging los und traf das Mädchen so unglücklich, daß der Tod fast unmittelbar eintrat. Die auf so tragische Weise zu Tode Gekommene ist die Tochter des Schneidermeisters Busse in Holxen.[7.2.]

10. Dezember 1917

ENTWICHENER STRÄFLING NACH DIEBSTAHL FESTGENOMMEN

Uelzen: Schnell erwischt wurde am Freitagabend auf dem hiesigen Schützenplatze ein „schwerer Junge", der nach seiner eigenen Angabe aus einem Bahnpostwagen einen ganzen Postsack mit Feldpostpäckchen entwendet hatte und sich damit über die Gleise weg nach dem Schützenplatze zu entfernt hatte. Er war dort gerade damit beschäftigt, die kleinen Päckchen – die allerlei kleine Weihnachtsliebesgaben u. dergl. für Heeresangehörige enthielten – in einen größeren Karton zu verpacken, als er bei dieser Tätigkeit von einem Militärbeamten überrascht und festgenommen wurde. Der Festgenommene gab an, aus einer belgischen Festung, wo er wegen Fahnenflucht untergebracht war, entwichen und früher bereits mit sechs Jahren Zuchthaus vorbestraft zu sein.[7.2.]

22. Januar 1918

DESERTIERTE SOLDATEN ALS DIEBE UNTERWEGS

Bienenbüttel, 20. Januar 1918: Auf dem hiesigen Bahnhofe wurden heute Morgen zwei Männer angehalten, die einen Sack und zwei Rucksäcke im Gewicht von 144 Pfund mit sich führten und angeblich nach Hannover wollten. Sie waren mit gefälschten Ausweispapieren versehen und gelang es ihnen, während der kurzen dienstlichen Abwesenheit des Bahnhofvorstehers aus dessen Bureau, wo sie verhört wurden, zu entkommen. Sie konnten jedoch verfolgt und in den Bargdorfer Fuhren von dem Gendarmeriewachtmeister Wendlandt festgenommen werden. Es handelt sich um

Der Bahnhof Bienenbüttel. 1918 wurden hier zwei desertierte Soldaten festgenommen.

desertierte Soldaten. Der eine ist ein Elsässer, der andere hatte vor dem Kriege in hiesiger Gegend gedient und wußte hier Bescheid. Wie festgestellt wurde, haben die beiden in Natendorf einen Einbruchdiebstahl verübt. In dem Sack und beiden Rucksäcken befanden sich drei Schinken, drei Schulterstücke, zwei halbe Speckseiten, zwei Sülzen, eine Anzahl Fleischwürste und eine Mettwurst. Alles Diebesgut ist heute bereits wieder von dem Eigentümer in Empfang genommen; die Diebe erklärten, sie hätten es für die Kompanie gesammelt. Einer derselben ist erst vor zwei Monaten von dem Gendarmeriewachtmeister Wendlandt aufgegriffen und an die Front zurückgebracht, ist dann einige Tage im Schützengraben gewesen und gleich wieder desertiert. Morgen früh werden beide Verbrecher nach Lüneburg transportiert.[7.2]

— **Ebstorf**, 1. Mai. Vorgestern wurde Gendarmerie-Wachtmeister Brandt nach dem benachbarten Wriedel gerufen, um daselbst Nachforschungen nach einem Diebstahl anzustellen. Sein Verdacht lenkte sich sofort auf einen zivilgefangenen Russen, und wurde noch bestärkt durch ein äußerst geschickt angestelltes Verhör. Bei dem Russen, welcher stets sehr fein gekleidet einherging, wurden zwei große Körbe mit Anzügen und Wäsche, ferner zwei Koffer mit Kolonialwaren jeglicher Art und etwa 3000 Mark bares Geld sowie 38 verschiedene Schlüssel vorgefunden. Der Dieb aber nahm einen günstigen Augenblick wahr und ergriff die Flucht, indem er sich aufs Rad schwang. Seine Spur wird jedoch verfolgt, und wird es hoffentlich bald gelingen, den Spitzbuben dingfest zu machen.

Ein Dieb entzog sich 1918 der Festnahme durch Flucht auf einem Fahrrad.

— **Stederdorf**, 7. Juli. Der russisch-polnische Arbeiter Wuiczek hatte im Jahre 1918 bei dem Hofbesitzer Schulz hierselbst im Dienst gestanden. Seine Ortskenntnis hatte er dazu benutzt, um in der Nacht zum 28. Mai 1919 bei seinem früheren Dienstherrn einzubrechen. Durch ein Loch, das er sich in die Wand gebohrt hatte, drang er in die Speisekammer und entwendete hier erhebliche Mengen von Schinken, Speck, Wurst und Fleisch, die er teils verzehrte, teils verkaufte. Er wurde dafür zu sechs Monaten Gefängnis verurteilt.

1918 wurde ein Hofbesitzer in Stederdorf bestohlen.

10. Juli 1919

REVOLTE IM UELZENER AMTSGERICHTSGEFÄNGNIS

Nachdem erst vor einigen Tagen ein Gefangener aus dem hiesigen Gefängnis entflohen war, hatten drei andere Inhaftierte, namens Feurer, Dohmeier und Lichtenmeinecke, inzwischen auch einen Fluchtplan vorbereitet und dazu den gestrigen Abend bestimmt. Da die Flucht nur durch einen Gewaltakt vor sich gehen konnte, hatte der Erstere eine eiserne Stange aus der sog. Pritsche losgerissen, mit der er dem Gefangenenwärter entgegentreten wollte. Als gestern Abend 7 Uhr der Gefangenenwärter Herr Schütze, zwecks Verteilung des Abendessens eine Zelle aufschloß, in der in drei Abteilen die Obengenannten untergebracht waren, erhielt er von dem Erstgenannten einen heftigen Schlag mit der Eisenstange über den Kopf, sodaß er bewußtlos niederstürzte. Feurer nahm darauf das Schlüsselbund an sich, und nachdem die beiden andern dem Gefangenenwärter noch Schläge über den Kopf gegeben hatten, begaben sich alle drei nach unten, um durch das Tor nach der Schuhstraße zu entfliehen. Da fehlte ihnen jedoch der Torschlüssel. Angeblich haben sie dann noch schnell ein dort interniertes junges Mädchen zur Flucht veranlasst, das den Torschlüssel brachte. Alle vier verließen dann das Gefängnis. Da die Polizei sofort alarmiert war, so gelang es, einen Flüchtling beim Friedhof festzunehmen. Ein zweiter wurde bei der Viehhalle ertappt, und das junge Mädchen, das die Ilmenau durchschwimmen wollte, wurde durch Herrn Freitag dingfest gemacht. Der Hauptattentäter Feurer war indes verschwunden. Sofort wurden alle Nachbargemeinden alarmiert und alle umliegenden Waldungen bei Veerßen, Oldenstadt, Halligdorf durch die männlichen Bewohner durchsucht, jedoch ohne Erfolg. Indes der Attentäter sollte seiner Festnahme nicht entgehen. Als ein Wagenmeister des hiesigen Bahnhofs heute früh 4 Uhr die Personenwagen revidierte, fand er den Gesuchten in einem Abteil 4. Klasse. Er wurde dann zum Bahnhofsgebäude gebracht und, nachdem die Polizei benachrichtigt, durch Herrn Oberwachtmeister Fehlhaber zum Gefängnis zurücktransportiert. Die Verletzungen des Herrn Schütze, der in das hiesige Krankenhaus transportiert werden mußte, sind, wie wir erfahren, ziemlich schwere, vor allem am Hinterkopf, ein Zeichen, daß er bereits am Boden liegend, von den Buben noch traktiert wurde. Bis heute früh war Herr Schütze noch nicht vernehmungsfähig.[7.2.]

Wie einem späteren Zeitungsbericht zu entnehmen ist, verstarb der Gefangenenaufseher Schütze wenige Tage nach der Revolte an den Folgen seiner schweren Verletzungen.[7.2.]

26. August 1919

EINBRUCH AN DER ROTHMANNSTRASSE

Uelzen: In letzter Nacht gegen 2 Uhr wurde in die Villa des Herrn Stender an der Rothmannstraße ein Einbruch verübt. Die Diebe hatten sich zunächst von den in der Nähe befindlichen Neubauten eine Leiter geholt, und dann die elektrische Lichtleitung zur Villa abgeschnitten, um ungestört arbeiten zu können. Dann versuchten sie in den Keller einzudringen, was ihnen indes – behindert durch das Drahtgitter – nicht gelang. Nunmehr erbrachen sie den Holzstall, entwendeten daraus eine Trittleiter mittels deren sie durch ein Fenster in das Haus einstiegen. Dort haben sie sämtliche Behälter, u.a. auch einen Sekretär erbrochen und alles durchwühlt. Anscheinend suchten sie nur Geld, da sie alles andere liegen ließen. Da ihre Bemühungen nach dieser Richtung hin resultatlos waren, so begaben sie sich über den Hausflur auf die Treppe, um in die oberen Räume zu gelangen. Durch das hierbei entstandene Geräusch wurde indes der Besitzer wach, der dann mit seinem Bruder die Diebe verscheuchte, die durch die Haustür entkamen, die sie vorher vorsichtigerweise geöffnet hatten. Am Schauplatze ihrer nächtlichen Tat hatten die Diebe eine rote Badehose liegen lassen, die sie durch Ausschneiden von Löchern für Auge und Nase zu einer Maske umgestaltet hatten. Da die Badehose einen Namen trägt, so führt diese vielleicht zur Entdeckung der Täter.[7.2.]

Diese Postkarte mit einer Ansicht des Königlichen Amtsgerichtes wurde 1919 abgestempelt.

6. September 1919

FLUCHTVERSUCH AUS DEM AMTSGERICHTSGEFÄNGNIS

Uelzen: Einen Fluchtversuch machten heute Vormittag aus dem hiesigen Amtsgerichtsgefängnis zwei dort internierte junge Leute. Sie benutzten einen günstigen Augenblick und nahmen Reißaus. Doch mehrere Verfolger saßen ihnen hart auf den Fersen und am Eingang der Diedrichstraße wurden sie eingeholt und dem Gewahrsam – allerdings nicht ganz sanft – wieder zugeführt. Der Vorgang hatte einen ziemlichen Menschenauflauf zur Folge.[7.2.]

> × **Einen Menschenauflauf** verursachte gestern abend auf der Veerßerstraße ein Zigeunertransport, dessen Insassen sich gegen die Vorschriften der den Transport begleitenden Gendarmerie zur Wehr setzten. Ein renitenter Bursche wurde dabei festgenommen. Das Zigeunervolk scheint mal wieder zu einer Landplage zu werden.

Über diesen Vorfall in Uelzen berichtete die örtliche Presse im Jahr 1920.

7. Februar 1920

ZIGARRENHÄNDLER AUS HANNOVER BERAUBT

Uelzen: Gestern Abend zwischen 10 und 11 Uhr wurde einem Zigarrenhändler aus Hannover auf der Bahnhofstraße von zwei unbekannten Personen, mit denen er gezecht hatte, eine Brieftasche mit 2000 Mark Inhalt entwendet. Die Täter sind unbekannt; es handelt sich um zwei junge Leute im Alter von 24 bis 26 Jahren. Der Eine war feldgrau gekleidet mit blauer Mütze, der Zweite trug einen hellgrauen Anzug und hellbraunen Hut.[7.2.]

4. März 1920

GROSSER GOLDDIEBSTAHL IN UELZEN

Ein großer Diebstahl wurde gestern Abend gegen 7 Uhr in dem Goldwarengeschäft des Herrn Ludwig Breckerbaum, Veerßer Straße 17 verübt, und zwar zu der Zeit, als Herr

Br. seine Geschäftsräume auf kurze Zeit verlassen hatte, um zu Abend zu essen. Die Diebe, die mit den Verhältnissen vertraut gewesen sein müssen, haben die Türen mittels Nachschlüssel geöffnet und für ca. 44 000 Mark Trauringe, Armbänder, Herrenuhren, Damenuhren, Uhrketten und Schmuckgegenstände gestohlen.[7.2.]

22. März 1920

KINDERLEICHE IM ABORTDÜNGER

Uelzen: Eine Kinderleiche, die schon stark in Verwesung übergegangen war, wurde in voriger Woche auf einem Grundstück bei der Ziegelhofstraße zwischen dem Abortdünger, der vom Bahnhof nach dort gefahren war, gefunden. Die unnatürliche Mutter festzustellen, wird in diesem Fall wohl schwer sein.[7.2.]

31. März 1920

EIN RÄUBERISCHER ÜBERFALL AUF DEN HERRN JUSTIZRAT

Ein räuberischer Ueberfall wurde in letzter Nacht in der Wohnung des Herrn Justizrats Niedermeyer, Veerßerstraße verübt. Vier Einbrecher, junge Leute, hatten sich durch Eindrücken einer Glasscheibe und Oeffnen der Tür gewaltsam Zutritt zu dem Schlafzimmer des Genannten verschafft. Dort forderten sie den Herrn Justizrat mit vorgehaltenem Revolver auf, den Geldschrankschlüssel herauszugeben, den sie dann auch erhielten. Dem Geldschrank entnahmen sie dann ungefähr 400 Mark in bar, sowie eine Sammlung alter Taler. Außerdem ließen die nächtlichen Besucher folgende Sachen mitgehen: sechs Zinnbecher, 10 cm hoch, 1 br. Ulster, einen wolligen schwarzen Schoßrock, eine Hose mit Seidenbesatz, einen neuen dunkelgrünen Anzug, ein graues Jacket, einen alten grauen und einen längeren grüngelben Sommerüberzieher, verschiedene Kneifer, eine goldene Taschenuhr (Glashütte) mit Kette und einen alten Armeerevolver. Von den vier Einbrechern waren zwei bartlos; einer war vermummt.[7.2.]

Am Vortag der Tat traf sich eine aus fünf Personen bestehende Gruppe am Bahnhof in Hannover. Diese hatten zuvor einen gemeinschaftlichen Einbruchsdiebstahl verübt und beschlossen, nun mit dem Zug nach Hamburg zu fahren. Sie lösten aber nur Fahrkarten bis Uelzen, wo sie eine Familie Stranz besuchten, bei der auch eine Frau Klenke wohnte. Hier wurde der oben dargestellte Überfall auf den Justizrat Niedermeyer entworfen. Die nötigen Angaben wurden von der erwähnten Frau Klenke bereitgestellt, die sich als

Führerin der Bande anschloss. Am 14. November 1922 mussten sich die Täter vor dem Schwurgericht in Lüneburg für diesen Überfall verantworten. Vier der Täter und Frau Klenke wurden zu Zuchthaus- oder Gefängnisstrafen verurteilt. Der Schlosser Jeske, dem es zuvor gelungen war, zu entfliehen, wurde nach seiner Festnahme zu fünf Jahren und drei Monaten Zuchthaus, fünf Jahren Ehrverlust und Stellung unter Polizeiaufsicht verurteilt.[7.2.]

Die Veerßer Straße um 1926. Hier wurde der zuvor erwähnte Überfall auf den Justizrat verübt.

22. April 1920

REISEBEKANNTSCHAFT ÜBERFÄLLT BAUERSFRAU

Römstedt, 21. April 1920: Vor einigen Tagen kehrte eine Bauersfrau aus dem benachbarten Gollern von einer Reise von Lüneburg zurück. Im Zuge begab sich ein Fremder mit ihr ins Gespräch und begleitete dann auch die Frau auf dem Heimwege. Die Frau ahnte nichts Böses. Als nun die beiden Reisegefährten im Holze waren, wurde der Fremde plötzlich handgreiflich und forderte von der Frau mit vorgehaltener Pistole „Geld oder Leben", worauf dann die Frau auch ihr Geld (400 Mark) dem Fremden verabfolgte, welcher dann aber schnell verschwand. Dieser Vorgang beweist, daß man sich Reisebekanntschaften gegenüber in der Jetztzeit reserviert verhalten sollte.[7.2.]

25. Juni 1920

AUSBRUCHVERSUCH MIT BLUTIGEM ENDE

Uelzen: Einen Ausbruchversuch unternahm gestern Nacht ein wegen Geflügeldiebstahls im hiesigen Gerichtsgefängnis untergebrachter 44-jähriger Wilhelmsburger Schiffer. Er hatte bereits die Zellenwand durchbrochen und war bis in den Kohlenkeller gelangt, als einige Vorübergehende durch das Geschrei inhaftierter Frauenspersonen aufmerksam wurden und so das Eingreifen des Gefangenenaufsehers Meyer veranlaßten. M. stellte den Ausbrecher auf dem Flur, wo dieser mit einem losgebrochenem Tischbein auf ihn eindrang; der Beamte kam dem Verbrecher jedoch zuvor und schoß ihn ins Bein, versetzte ihm auch, als der Flüchtling trotzdem noch den Versuch machte, ihn niederzuschlagen, einen Säbelhieb über den Arm. Der Verletzte wurde in ärztliche Behandlung genommen. Ein in der Nebenzelle sitzender Deutschpole, der an den vorwöchigen Einbrüchen in Westerweyhe beteiligt war, hatte sich ebenfalls an dem Ausbruchversuch beteiligt, konnte aber noch rechtzeitig festgehalten werden.[7.2.]

× **Festgenommen** wurde hier ein Russe, welcher etwa 20 Pfd. Schweinefleisch bei sich führte. Letzteres stammt anscheinend von dem Saudiebstahl in Wulfsode, da das Fleisch den Eindruck machte, als ob es schon vergraben gewesen sei.

× **Beschlagnahmtes Diebesgut.** Die Polizei beschlagnahmte hier verschiedene gestohlene Wäschestücke, wie ein Damenhemd, Handtücher, Kinderwäsche. Die Sachen sind teilweise gezeichnet mit den Buchstaben A. F. und L. S.

Diebesgut beschäftigte 1920 die Uelzener Polizei.

-n- **Bienenbüttel**, 30. Dez. Ein sonderbarer Vorgang hat sich in unserm Orte abgespielt. Nachdem die Gewehre der Einwohnerwehr hier abgeliefert waren, sind sie in der Nacht zum 17. d. Mts. aus dem Hause des Kaufmanns Kruse hier wieder gestohlen. Es handelt sich um 24 Militärgewehre und einen Kasten Patronen. Für die Wiederherbeischaffung der Waffen ist eine Belohnung von 3000 Mk. ausgesetzt.

Ende des Jahres 1920 wurden die Gewehre der Bienenbütteler Gemeindewehr gestohlen.

Bienenbüttel auf einer zeitgenössischen Postkarte.

11. OKTOBER 1920

BEWAFFNETER ÜBERFALL IN SASENDORF

SASENDORF: Sechs bewaffnete Männer waren in letzter Nacht in ein hiesiges Gehöft eingedrungen und haben dort unter Bedrohung des Besitzers geräubert. Nähere Angaben fehlen noch. Die Landjäger haben die Verfolgung der Räuber aufgenommen.[7.2.]

Während im oben erwähnten Zeitungsartikel von sechs Tätern die Rede ist, wurden im nachfolgenden Artikel vom 31. Mai 1921 nur drei verhaftete und anschließend verurteilte Personen aufgeführt. Neben der Tat in Sasendorf wurde ihnen auch ein Einbruch beim Hofbesitzer Lüsmann in Niendorf zur Last gelegt. Der Arbeiter Wilhelm Suhm sowie sein Bruder Hermann beteuerten selbst nach der Urteilsverkündung noch ihre Unschuld, während der Maurer Georg Lühr aus Altenmedingen die Strafe sofort annahm.[7.2.]

Heute kamen nur zwei schwere Raubanfälle, verbunden mit Totschlagsversuch zur Verhandlung. Der erste wurde in der Nacht vom 10. zum 11. Oktober 1920 in Sasendorf verübt. In dieser Nacht wachte die Frau des Hofbesitzers Schulz, die mit ihrem Mann in einem zur ebenden Erde befindlichen Schlafzimmer schlief, plötzlich auf und sah zu ihrem Schrecken einen Kerl vor ihrem Bett stehen, der ihr mit einer elektrischen Taschenlampe ins Gesicht leuchtete. Als Frau Schulz aufschrie, schlug er mit einem scharfkantigen Werkzeug auf sie ein, würgte sie am Halse und suchte sie am weiteren Schreien zu verhindern. Frau Schulz, die schwere Verletzungen davontrug, wurde dann von diesem Kerl fortwährend bewacht und hat von den weiteren Vorgängen nur wenig bemerkt. Durch das Schreien seiner Frau war der 74 Jahre alte Ehemann Schulz aufgewacht. Ein zweiter Einbrecher warf ihm ein Kissen über den Kopf, forderte ihn auf, ganz ruhig zu sein und bedrohte ihn mit einem Revolver. Dann zwang er den Schulz, einen über dem Bett hängenden Revolver auszuliefern und den Geldschrank zu öffnen. Schulz mußte sich zu dem Zweck über den angrenzenden Hausflur begeben und den in einem jenseits des Hausflurs befindlichen Zimmer stehenden Geldschrank öffnen. Er nahm 400 Mark aus dem Schrank und händigte dies Geld zweien Räubern aus. Da die Räuber damit nicht zufrieden waren, so durchwühlten sie sämtliche Zimmer und nahmen noch eine ganze Menge Wertsachen mit. Der dritte Räuber hatte inzwischen ein anderes Schlafzimmer geöffnet, in dem zwei junge Mädchen schliefen, zog sich aber wieder zurück. Die Eheleute Schulz erkannten alle drei Angeklagten nach deren Verhaftung mit aller Bestimmtheit als die Einbrecher wieder, zumal den Hermann Suhm, der früher in Sasendorf auf einem anderen Hof beschäftigt war und oft Bestellungen bei Schulz auszurichten hatte. Es wurde dann eine Höhle in der Nähe von Wulfstorf, im Kreise Lüneburg entdeckt, in der man eine Menge Gegenstände fand, die unbestrittenes Eigentum der Einbrecher waren und viele Sachen, die aus diesem Einbruch herrührten. Die Angeklagten bestritten ganz entschieden die Tat begangen zu haben, fanden aber mit ihren Ausreden keinen Glauben. Auch als die Beweise immer erdrückender wurden, leugneten sie noch weiter. Das Urteil lautete gegen die beiden Suhms auf je 15 Jahre und gegen Lühr auf zehn Jahre Zuchthaus, gegen alle drei auf je zehn Jahre Ehrverlust und Stellung unter Polizeiaufsicht. In der Urteilsbegründung wurde die Gemeingefährlichkeit dieser Räuber betont, die eine schwere Strafe verdient hätten.[7.2.]

28. Februar 1921

MESSERSTECHEREI MIT TODESFOLGE IN LUTTMISSEN

25. Februar 1921: Der in Hanstedt Kreis Uelzen beschäftigte 20-jährige Dienstknecht Heinrich Reiß aus Ostpreußen ging am 18. Juli in Begleitung eines ihm befreundeten russischen Bolschewisten nach Natendorf, um dort Mädchen zu besuchen, mit denen sie Liebschaften angeknüpft hatten. Da sich aber auch gleichzeitig mehrere andere Russen um diese Mädchen bewarben, kam es zu Eifersüchteleien. Der Bolschewist

hatte etwa 200 Mark bei sich, während Reiß kein Geld hatte. Das ganze Geld haben die beiden nach Aussagen des Reiß in Schnaps angelegt. Der Bolschewist hat aber nur vier Schnäpse getrunken. Demnach müsste Reiß über 90 Schnäpse getrunken haben. Er versuchte den Beweis dafür zu erbringen und seine ihm zur Last gelegte Tat mit sinnloser Trunkenheit zu entschuldigen. Doch gelang ihm das nicht. Im Laufe des Abends kamen sie dann nach Luttmissen. Dort gerieten sie mit den eifersüchtigen Russen in Streit. Dabei soll nun Reiß sein Messer gezogen und den einen Russen so in den Kopf gestochen haben, daß dieser einige Tage darauf verstorben ist. Die Geschworenen bejahten die auf gefährliche Körperverletzung mit Todesfolge lautende Schuldfrage und versagten dem Angeklagten mildernde Umstände. Er wurde dann zu vier Jahren Gefängnis und zu fünf Jahren Ehrverlust verurteilt.[7.2.]

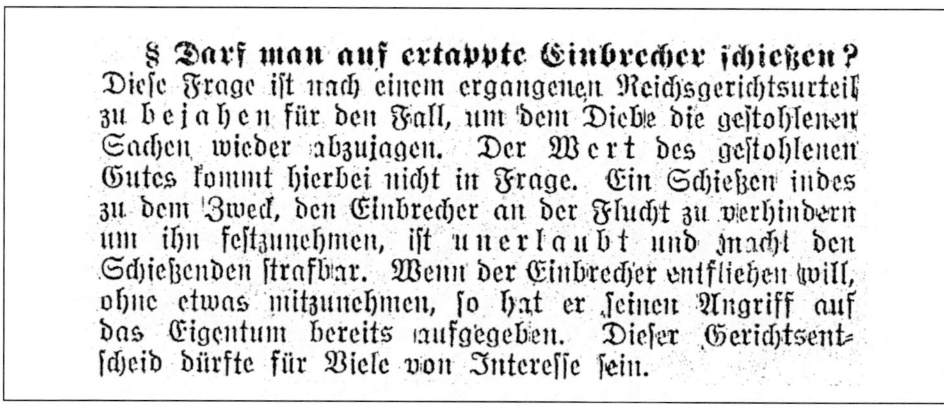

§ Darf man auf ertappte Einbrecher schießen? Diese Frage ist nach einem ergangenen Reichsgerichtsurteil zu bejahen für den Fall, um dem Diebe die gestohlenen Sachen wieder abzujagen. Der Wert des gestohlenen Gutes kommt hierbei nicht in Frage. Ein Schießen indes zu dem Zweck, den Einbrecher an der Flucht zu verhindern um ihn festzunehmen, ist unerlaubt und macht den Schießenden strafbar. Wenn der Einbrecher entfliehen will, ohne etwas mitzunehmen, so hat er seinen Angriff auf das Eigentum bereits aufgegeben. Dieser Gerichtsentscheid dürfte für Viele von Interesse sein.

Mit der Frage, ob man auf Einbrecher schießen darf, beschäftigte sich ein Gericht im Jahre 1921.

30. Juni 1921

EHEMANN IM SCHLAF MIT KOCHENDEM WASSER ÜBERGOSSEN

27. Juni 1921: Eine Frau H., Veerßerlandstraße 6, brachte in letzter Nacht ihren im Bett liegenden Manne, dem Arbeiter H., schwere Verletzungen bei, indem sie ihm mit einem Knüppel über den Kopf schlug und ihm kochendes Wasser über den Körper goß. Der Mann mußte dem Krankenhause zugeführt werden. Die Frau soll geistig nicht normal sein.[7.2.]

Ein sonderbares Versteck hatte sich die Frau Homeyer gesucht, die vor kurzem ihren Mann in nächtlicher Stunde durch Uebergießen kochenden Wassers schwere

Verletzungen beibrachte, so daß dieser das Krankenhaus aufsuchen mußte. Als Schlupfwinkel hatte sie sich den Turm der hiesigen katholischen Kirche ausersehen. Mehrfache Geräusche hatten den Herrn Pfarrer veranlasst, eine Durchsuchung der Räume des Kirchturms mit Hilfe der Polizei vornehmen zu lassen, die dann zu dem erwähnten Resultat führte. Die Frau wurde dem hiesigen Krankenhause zugeführt[7.2.]

w. **Wieren,** 5. Jan. Der aus Dirschau stammende Arbeiter Thomas Rzeznikowski kam am 16. November 1920 in Begleitung eines Wandergenossen nach hier. Sie beschlossen, in die hiesige Molkerei einzubrechen. Zu dem Zwecke wurde zunächst ein Einbruchsdiebstahl in einer benachbarten Scheune verübt, aus der ein Schwengel geholt wurde, mit dessen Hilfe man die Tür der Molkerei erbrechen wollte. Der Angeklagte will an diesem ersten Einbruch nicht beteiligt gewesen sein, den habe sein Genosse allein ausgeführt. Beide haben dann versucht in die Molkerei einzubrechen. Doch gelang ihnen das nicht. Sie sind dann in die Scheune gegangen, in der der erste Einbruchsdiebstahl ausgeführt wurde, und haben dort übernachtet. Dabei hat der Angeklagte seine Papiere verloren, die aber nicht seine eigenen waren, sondern die er sich gekauft hatte. Sie lauteten auf den Namen Ebert. Als der Angeklagte verhaftet wurde, fand man einen geladenen Revolver bei ihm. Der Angeklagte behauptet, noch nicht vorbestraft zu sein. Da ihm Vorstrafen nicht nachgewiesen werden konnten, wurde er wegen versuchten Einbruchsdiebstahls zu 6 Monaten und wegen Führung falscher Papiere zu zwei Wochen Gefängnis verurteilt.

Ebenfalls 1921 wurde ein Einbruchsdiebstahl in der Wierener Molkerei aufgeklärt.

14. März 1922

FRECHER DIEB NACH EINBRUCH IN BARUM VERURTEILT

Barum, 13. März 1922: Aus dem Strafkammerbericht. Am Abend des 25. Juli v. Js. traf die Frau Lampe hierselbst einen etwa 20 Jahre alten Mann, der einen Anzug ihres Mannes an hatte und mit Stiefeln ihres Mannes bekleidet war. Sie hielt den Mann fest und rief Nachbarn zu Hilfe. Dem Eindringling nahmen sie nun zwei Ringe, Armband, Kette, Brosche, ein Rasiermesser usw. ab, die er aus der unverschlossenen Kommode

Eine historische Postkarte aus Barum. Dort wurde 1921 der Arbeiter Schoeps wegen Diebstahls verhaftet.

an sich genommen hatte. Der Wert der gestohlenen Sachen belief sich auf 2000 Mark. Der Dieb war auf eine ziemlich ungewöhnliche Weise in die Wohnung gelangt. Durch eine Bodenluke hatte er mittelst einer Leiter sich in die Räucherkammer begeben. Von dort war er durch eine Klappe, den Schornstein und den Kamin in die Wohnung gelangt. Der Gemeindevorsteher ließ ihn festnehmen und sperrte ihn im Pferdestall des Gastwirts Struck ein. Als man ihn wieder herausholen wollte, war der Vogel durch die erbrochene Stahldecke auf und davon. Es gelang ihn nach geraumer Zeit wieder einzufangen und dem sicheren Gefängnisgewahrsam zuzuführen. Der Dieb entpuppte sich als der 21-jährige Arbeiter Schoeps aus Berlin, der schon sehr oft vorbestraft ist. Das Schöffengericht in Uelzen verurteilte ihn zu 1 Jahr sechs Monaten Gefängnis, die ihm aber zu hoch schienen. Er legte Berufung ein, die aber angesichts seiner erheblichen Vorstrafen verworfen wurde.[7.2.]

1. Juni 1922

KINDERLEICHE IN EINER JAUCHEGRUBE IN OITZEN GEFUNDEN

Oitzen: Einen grausigen Fund machte der Hofbesitzer E. von hier. Beim Entleeren einer Jauchegrube fand man, in ein Paket gewickelt, ein etwa 14 Tage altes totes Kind. Der Verdacht, die Tat begangen zu haben, fiel auf die Dienstmagd M. K., die bei dem Hofbesitzer E. bedienstet war. Dieselbe gestand denn auch die Tat ein und wurde durch die Polizei festgenommen.[7.2.]

7. September 1922

RAUBMORDVERSUCH IN DER NÄHE VOM SCHWEIZERHOF

Bevensen, 6. September 1922: In der Nacht zum Mittwoch hat sich ein Unbekannter mit einem Auto von Hannover nach Bremen fahren lassen und versucht, den Autoführer in der Nähe unseres Ortes zu überfallen. Das Vorhaben ist ihm aber nicht gelungen. Der Autoführer wurde jedoch verletzt. Der Räuber ist flüchtig. Er war etwa 30–35 Jahre alt, 1,70 Meter groß, starker Körperbau, blasses Gesicht, hellen Anzug, der mit Blut besudelt sein muß, umgeschlagene Hose. Ueber diesen Vorfall gibt uns unser Bevenser Mitarbeiter folgende Darstellung: In der letzten Nacht wurde im Rießel in der Nähe des Schweizerhof ein Raubmordversuch ausgeführt. Der Autobesitzer Alfred Finke aus Hannover, Heisenstr. 33a, war gestern Abend 7 Uhr aus Hannover mit einem fremden Herrn gefahren, derselbe wollte in der Umgebung Uelzen, Bevensen, Lüneburg,

— **Gerdau**, 9. Okt. Zwei hiesige Dienstmädchen wurden durch eine angeblich aus Dresden stammende Frida Keil, 23 Jahre alt, bestohlen. Entwendet wurden etwa 6000 Mk., ein neues dunkelgrünes Kleid, Taschentücher, schwarze Glaceehandschuhe, braune Strümpfe und braune Schuhe.

In Gerdau wurden 1922 zwei Dienstmädchen bestohlen.

Verfügung
an die Polizeiverwaltungen des Regierungsbezirks.

Die vielfachen Verbrechen, namentlich Diebstähle und Raubanfälle, die in den letzten Jahren im hiesigen Regierungsbezirk — wie anderswo — vorgekommen sind, müssen zum großen Teil auf arbeitsscheue Menschen zurückgeführt werden, die nichtstuend im Lande herumziehen und sich vom Bettel ernähren, auch vor Drohungen und Gewalttätigkeiten nicht zurückschrecken. Die Belästigung und Beunruhigung der ruhigen ansässigen Bevölkerung, die durch dieses Treiben herbeigeführt worden ist, hat durch die grauenhafte, durch 2 Landstreicher verübte Ermordung zweier Schulkinder im Kreise Tannenberg den Höhepunkt erreicht. Es ist Pflicht aller Behörden, dem verderblichen Treiben dieser gefährlichen Menschen ein Ende zu machen. Die Bevölkerung hat darauf umsomehr Anspruch, als auf ihre Kosten in jeder Kreisstadt des ganzen Regierungsbezirks öffentliche Arbeitsnachweise errichtet sind, die jedem Arbeitswilligen unentgeltlich Arbeit vermitteln. Die Zahl der Landjäger reicht aus, um alle von den Landstreichern benutzten Straßen zu bewachen.

Im Einvernehmen mit dem Herrn Generalstaatsanwalt ordne ich deshalb für den ganzen Umfang des Regierungsbezirks hiermit an:

1. **Die Landjäger haben fortgesetzt auf den Landstraßen nach Landstreichern zu forschen und alle zweifelhaften Personen nach ihren Ausweisen, auf Bettelgeld und sonstige verdächtige Gegenstände zu untersuchen.**
2. **Die Bevölkerung ist fortgesetzt aufzufordern, den Landstreichern keinerlei Gaben, sei es in Geld oder in Nahrungsmitteln, zu verabfolgen, sondern die Landstreicher an den Gemeindevorsteher zu verweisen.**
3. **Die Gemeindevorsteher und Landjäger haben die des Bettelns oder Landstreichens verdächtigen Personen vorläufig festzunehmen, in sicherem Gewahrsam (Polizeigefängnis, Spritzenhaus usw.) unterzubringen und vor Ablauf von 24 Stunden dem Amtsgericht zur Aburteilung vorzuführen.**

Diese Verfügung ist in allen Gasthäusern auf dem Lande, in den Herbergen, sowie bei den Gemeindevorstehern und Landjägern öffentlich auszuhängen.

Lüneburg, den 11. April 1922.

Der Regierungspräsident.
Dr. Mauve.

Gedruckt in der von Sternschen Buchdruckerei, Lüneburg.

Dieser Verfügung von 1922 sind die geplanten Maßnahmen gegen Landstreicherei zu entnehmen.

Geldgeschäfte erledigen und mußte frühmorgens an Ort und Stelle sein. Als nun der Autoführer mit seinem Auftraggeber an der oben beschriebenen Stelle zwischen 3 und 4 Uhr angelangt war, wurde Ersterer von dem fremden Manne mit Hammerschlägen von hinten bearbeitet. Der Ueberfallene, mit Blut überströmt, hatte noch soviel Kraft, um sich zu wehren und kamen somit die beiden in ein Handgemenge, wodurch der Angreifer, der einen hellen Anzug trug, mit Blut beschmutzt wurde. Der Unglückliche wurde dadurch gerettet, daß ein Lüneburger Grünwarenhändler des Weges kam, was der Verbrecher bemerkte und rasch im Holze verschwand. Der Hinzugekommene machte sich mit dem schwer Blutenden zu schaffen und brachte ihn im Auto nach Bevensen zum Arzt, der ihm die nötige Hilfe zuteil werden ließ. Die inzwischen benachrichtigte Polizei nahm die Spur nach dem Verbrecher auf, konnte aber bis heute Nachmittag noch nichts Näheres ermitteln. Der Verletzte konnte dann nach Anlegung eines Verbandes und nach erfolgter Erholung die Rückreise nach Hannover wieder antreten.[7.2.]

21. Februar 1923

STRASSENRÄUBER IM FISCHERHOFSHOLZ

Einem räuberischen Ueberfall im Fischerhofsholz ist gestern Nachmittag kurz nach 4 Uhr eine junge Elevin [Auszubildende] des Rittergutes Störtenbüttel mit genauer Not entgangen. Besagte junge Dame war mit dem 4 Uhr Zuge von einem elterlichen Besuch zurückgekehrt und begab sich dann zu Rad nach Störtenbüttel. Beim Fischerhofsweg gewahrte sie drei junge Landstreicher, die sie überfallen wollten. Die Räuber warfen ihr einen Knüppel ins Rad, der indes glücklicherweise zwischen das Schutzblech und den Vorderreifen geriet und die Radlerin in ihrer eiligen Flucht nicht behinderte. Auf das Schreien der Dame flüchteten die Landstreicher in den Wald. Eine nähere Beschreibung der Letzteren zu geben war der Dame nicht möglich, sie erinnert sich indes, daß einer der Attentäter einen grau-grünen Kittel trug. Sie kamen anscheinend von Lüneburg und befanden sich auf dem Wege nach Uelzen. Auf einen Raub hatten es die Gesellen zum mindesten abgesehen.[7.2.]

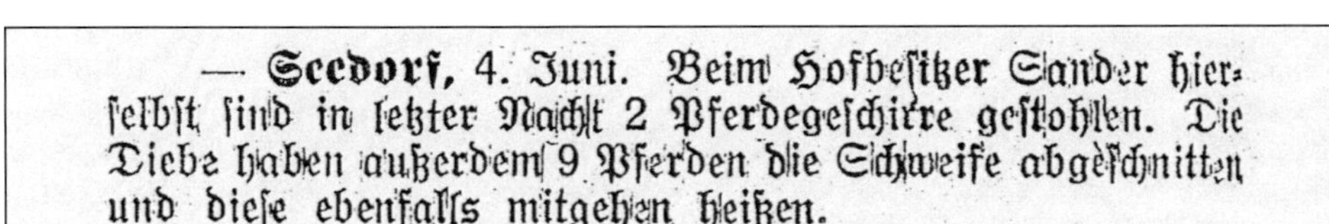
— Seedorf, 4. Juni. Beim Hofbesitzer Sander hierselbst sind in letzter Nacht 2 Pferdegeschirre gestohlen. Die Diebe haben außerdem 9 Pferden die Schweife abgeschnitten und diese ebenfalls mitgehen heißen.

1923 wurde der Hofbesitzer Sander in Seedorf bestohlen.

17. März 1923

UNEHELICHES KIND GETÖTET

Westerweyhe, 16. März 1923: Die Schneiderin E. C. hierselbst, hatte unter den Folgen eines Liebesverhältnisses zu leiden, die sie zu beseitigen versuchte. Ihr am 23. Dezember geborenes Kind wickelte sie in ein Tuch und trug es auf den Heuboden. Dabei ist das Kind erstickt. Genannte hatte sich vor der Strafkammer zu verantworten. Die unter Ausschluß der Oeffentlichkeit geführte Verhandlung endete mit der Verurteilung der Angeklagten zu zwei Jahren und drei Monaten Gefängnis.[7.2.]

B. **Arendorf,** 13. März. In der vorigen Woche statteten Diebe dem Hofbesitzer Studtmann hierselbst einen Besuch ab und stahlen ein Schwein. Zwei Lehrlinge, die morgens von Allenbostel kamen, beobachteten die Diebe, fuhren zurück und holten aus Allenbostel Hilfe herbei. Sogleich wurde die Verfolgung der Diebe aufgenommen, die, als sie sich verfolgt sahen, ihre Beute fortwarfen und über die Wiesen und den Bach hindurch dem Brauel zu flüchteten. Bevor sie jedoch dieses erreichen konnten, wo sie schwer mehr einzuholen gewesen wären, wurden sie gefaßt. Der eine der Diebe muß sich einen tüchtigen Schnupfen bei seiner Flucht durch das Wasser zugezogen haben, denn er mußte dem Krankenhause Uelzen zugeführt werden. Der eine Spitzbube hat früher bei Herrn Studtmann als Schweizer gedient, sein Bruder, war der andere Dieb.

Zwei Lehrlinge verhinderten 1923 einen Diebstahl. Die Täter konnten gefasst werden.

18. September 1923

VERSUCHTER RAUBÜBERFALL BEI EBSTORF

Am Mittwoch, den 12. September, abends gegen 8.30 Uhr fuhr unser Saatzuchtverwalter Herr G. Manig, 19 Jahre alt, von Ebstorf nach Uelzen mit dem Rade und hatte ein zweites Fahrrad an der Hand, um es Herrn Saatzuchtdirektor S. an die Bahn zu bringen. In der Stadtforst von Uelzen sprangen ihm im Dunkeln zwei Männer in den Weg und warfen ihn vom Rade, um dieses zu rauben. Herr Manig traf den einen mit einem kräftigen Boxschlag ins Gesicht, sodaß der Gegner zu Boden stürzte. Der zweite Räuber stach Herrn Manig mit einem scharfen Messer oder Dolch durch die Hand und brachte ihm im weiteren Ringen eine Reihe von Stich- und Schnittwunden im Gesicht bei. Nach längerem Kampf riß sich der Räuber los und verschwand im Walde. Herr M. fuhr stark blutend nach Uelzen und erstattete auf der Polizeiwache Bericht und wurde dort verbunden. Trotz lebhafter Vorstellungen unseres Herrn Saatzuchtdirektors auf der Polizeiwache, sofort eine Streife nach dem Walde zu unternehmen, an welcher sich die beiden Herren der Saatzuchtgesellschaft beteiligen wollten, fand dieser Vorschlag keinerlei Beachtung; es wurde sogar auf die Bitte der Herren, die nach Ebstorf zurückfahren mussten, ihnen eine Schusswaffe zu überlassen, vom Wachhabenden erklärt, daß nur ein Revolver hier und dieser in seinem Besitz sei und sonst keinerlei Polizisten, sondern nur ältere Nachtwächter zur Verfügung ständen. Die Herren mussten sich daher mit einem Stock bewaffnet auf den Heimweg machen. Wie wir erfahren, sind ähnliche nächtliche Ueberfälle in letzter Zeit auf der Chaussee von Ebstorf nach Uelzen mehrfach vorgekommen. Herr M. befindet sich in ärztlicher Behandlung in Ebstorf.[7.2.]

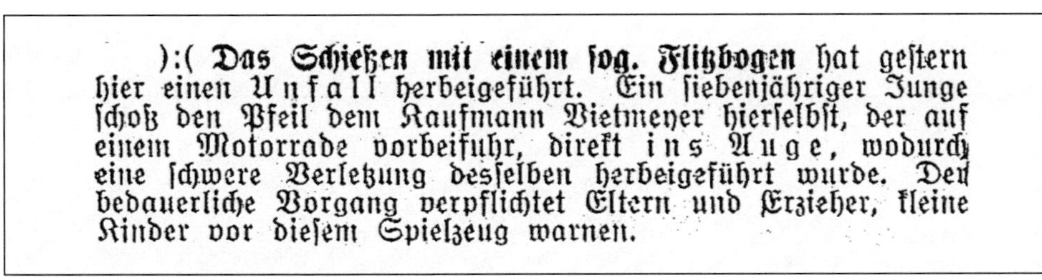

):(Das Schießen mit einem sog. Flitzbogen hat gestern hier einen Unfall herbeigeführt. Ein siebenjähriger Junge schoß den Pfeil dem Kaufmann Vietmeyer hierselbst, der auf einem Motorrade vorbeifuhr, direkt ins Auge, wodurch eine schwere Verletzung desselben herbeigeführt wurde. Der bedauerliche Vorgang verpflichtet Eltern und Erzieher, kleine Kinder vor diesem Spielzeug warnen.

Der hier erwähnte Fall aus Uelzen ereignete sich im Oktober 1923.

5. November 1923

FREISPRUCH IM TOTSCHLAGSPROZESS

Oldenstadt, 3. November 1923: Am 11. August 1922 fand hier eine Schlägerei statt, bei der der Arbeiter Schulz mißhandelt und in die Wipperau geworfen wurde, wo er ertrank. Seine Leiche wurde längere Zeit danach aufgefunden. Der Verdacht, diese Mißhandlung ausgeführt zu haben lenkte sich auf die Arbeiter Kagemann, Heinrich und Martin Hasselbring, die sich nun vor der Strafkammer zu verantworten hatten. Es waren dazu etwa 30 Zeugen geladen worden. Doch konnte das Gericht durch die umfangreiche Beweisaufnahme nicht zur Ueberzeugung der Schuld der Angeklagten kommen. Sie wurden infolgedessen alle drei freigesprochen.[7.2.]

1923

SCHÜSSE AUS DEM HINTERHALT

Mitteilung des Landjägeramtes Bevensen I vom 31. Januar 1923 an den Herrn Landrat zu Oldenstadt.

Am 30. Januar 1923 abends etwa 5.30 Uhr ist an dem Sattlermeister Nikolovius aus Golste im sogenannten Doppel-Riessel ein Raubmord verübt worden. Er fuhr mit seinem Fahrrad nach Seedorf zu und sah plötzlich einen Menschen hinter einer dicken Birke stehen. Er wünschte diesem noch einen guten Abend, worauf dieser auch dankte. Als er einige Schritte an ihm vorbeigefahren war, bemerkte er, daß dieser Mensch hinter ihm herkam. Er sah sich um und kam hierbei ins Schwanken. In diesem Augenblick bekam er auch schon einen Schuss von hinten durch das Becken der vorn an der linken Seite des Leibes wieder herauskam und zwei weitere Schüsse in den rechten Arm. Die vierte Kugel ist scheinbar abgeprallt und hat ihm am Oberschenkel gestreift, so daß sie in der Hose steckenblieb. Der Täter flüchtete, als sich ein Radfahrer aus Bevensen näherte und flüchtete im Riessel in Richtung Schweizerhof. Dieser Radfahrer, Anton Hoppe aus Uelzen hat dem verletzten Nikolovius hochgeholfen und ist dann sofort nach Bevensen gefahren und hat beim dortigen Bürgermeister Anzeige erstattet. Das Opfer erlag wenig später seinen Verletzungen im Krankenhaus zu Uelzen.[3.1.]

In unmittelbarer Nähe vom Auguste-Victoria-Heim wurde 1923 der Raubmord an Nikolovius verübt.

Das Krankenhaus Uelzen um 1932. Hier erlag der Sattlermeister Nikolovius 1923 seinen Verletzungen nach einem Raubüberfall.

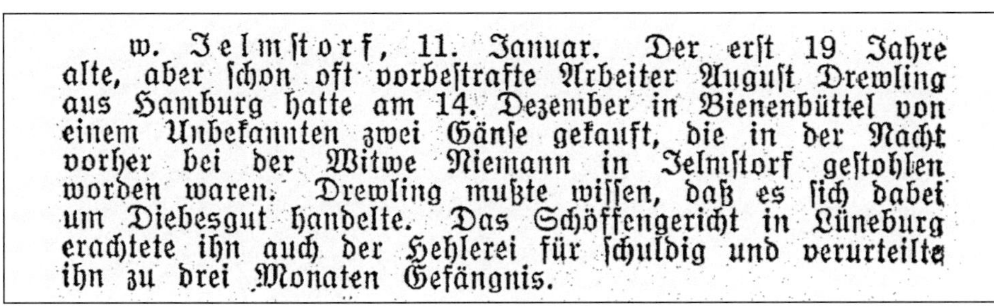

w. Jelmstorf, 11. Januar. Der erst 19 Jahre alte, aber schon oft vorbestrafte Arbeiter August Drewling aus Hamburg hatte am 14. Dezember in Bienenbüttel von einem Unbekannten zwei Gänse gekauft, die in der Nacht vorher bei der Witwe Niemann in Jelmstorf gestohlen worden waren. Drewling mußte wissen, daß es sich dabei um Diebesgut handelte. Das Schöffengericht in Lüneburg erachtete ihn auch der Hehlerei für schuldig und verurteilte ihn zu drei Monaten Gefängnis.

11. Januar 1924 – Haftstrafe für Hehlerei.

16. Januar 1924

MESSERANGRIFF IN DER EISENBAHN

Ein Verbrechen im Eisenbahnzuge zwischen Uelzen und Ebstorf. In dem Personenzuge 467, der 8.10 Uhr abends von Uelzen nach Stendal fährt, wurde auf dem Bahnhof Salzwedel in einem Abteil 3. Klasse, und zwar im Abortraum, eine junge Dame, aus mehreren Wunden blutend, bewusstlos aufgefunden. Ein Schaffner des Zuges hatte während der Fahrt bemerkt, daß aus dem betr. Abteil Blut floß. Auf dem Bahnhof Salzwedel machte man dann die obige Entdeckung. Die ersten Feststellungen in letzter Nacht haben bislang folgendes ergeben: Die Dame ist etwa 20 Jahre alt, sie wies verschiedene Messerstiche auf, die indes nicht sofort tödlich wirkten, jedoch einen großen Blutverlust verursachten. Im Besitz der Dame befand sich eine Fahrkarte Ebstorf-Uelzen. Das Verbrechen muß folglich auf dieser Strecke begangen worden sein. Weiter befand sich bei ihr ein Schriftstück mit der Bezeichnung „Gut Bode“. Die Dame wurde sofort dem Salzwedeler Krankenhause zugeführt. Anzunehmen ist, daß der Verbrecher sein Opfer im Abteil 3. Klasse zwischen Ebstorf und Uelzen überfallen und vielleicht auch beraubte. Die näheren Ermittlungen werden sicherlich den Vorgang bald aufklären.[7.2.]

15. März 1924

HOFBESITZER IN WRIEDEL ERSTOCHEN

Ebstorf, 14. März 1924: In Wriedel bei Brockhöfe wurde gestern Abend der Gastwirt und Hofbesitzer Gustav Maaß von dem Schlachter Otto Gade erstochen. Gade, ein jähzorniger Mensch, war mit Maaß im angetrunkenen Zustande in Streit geraten. Um den Streit zu beenden, forderte Maaß Gade auf, das Haus zu verlassen. Gade weigerte sich jedoch und es kam zu tätlichen Angriffen. Plötzlich zog Gade ein Messer und stach es Maaß in die Brust. Maaß brach sofort zusammen. Der herbeigerufene Arzt konnte nur noch den Tod feststellen. Der Mörder entkam zuerst und schlug in seiner Erregung noch mehrere Fensterscheiben ein, wobei er sich Verletzungen zuzog. Die Ebstorfer Landjäger verhafteten ihn und brachten ihn heute Morgen nach Uelzen ins Gerichtsgefängnis. Der auf so fürchterliche Weise ums Leben Gekommene hinterläßt Frau und sechs Töchter. Die Anteilnahme an dem traurigen Tode ist allgemein.[7.2.]

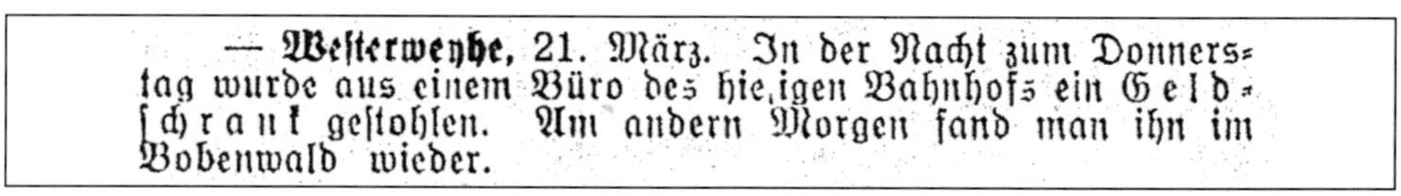
— Westerweyhe, 21. März. In der Nacht zum Donnerstag wurde aus einem Büro des hiesigen Bahnhofs ein Geldschrank gestohlen. Am andern Morgen fand man ihn im Bodenwald wieder.

Bericht über einen 1924 gestohlenen Geldschrank.

26. März 1924

UELZENER ZIGARRENHÄNDLER ERSCHIESST FREUND

Lüneburg, 25. März 1924: Vor der Strafkammer hatte sich heute der Zigarrenhändler Albert Gassel aus Uelzen zu verantworten, unter der Beschuldigung, am 29. Oktober 1923 den Schneidermeister Tubbe in Uelzen erschossen zu haben. Gassel und Tube waren befreundet und zusammen Mitglieder eines Kegelklubs. Am 26. September wurden beide von einem Autobesitzer eingeladen, an einer Autofahrt nach Salzwedel teilzunehmen. Auch die 14 Jahre alte Stieftochter des Gassel nahm an der Fahrt teil. Gassel hatte sich 1913 mit der Witwe des Zigarrenhändlers Martens verheiratet und das damals 2 oder 3 Jahre alte Töchterchen Helene seiner Frau als sein eigenes Kind betrachtet und es auch all die Jahre so gehalten. Nach dieser Fahrt glaubte nun Gassel Ursache zu haben, gegen Tubbe bezüglich seiner Tochter mißtrauisch zu sein. Gassel kam auf den Gedanken, daß zwischen Tubbe und seiner Tochter auf der Fahrt etwas Unsauberes passiert sei. Die Möglichkeit dazu war nicht ausgeschlossen, da Gassel mit dem Autoführer vorn und Tubbe und das Mädchen hinten gesessen hatten. Schließlich hat Gassel seine Stieftochter vorgenommen und diese hat ihm dann eingestanden, daß tatsächlich Tubbe sie im Auto vergewaltigt habe. Das war am Montag den 29. Oktober. Gassel, der früher sieben Jahre lang auf See gefahren ist, zweimal an Malaria erkrankt war, sich wiederholt wegen Nervenleidens in ärztlicher Behandlung befunden hat, gerät sehr leicht in einen Zustand der heftigsten Erregung. Einen Revolver führte er fast ständig bei sich. Nach dem Geständnis der Tochter rannte er aus dem Hause. Und nun will er von den folgenden Vorgängen gar nichts mehr wissen, als bis er sich auf der Treppe, die zum Büro des Rechtsanwaltes Höfer führt wieder gefunden und das Bewußtsein zurück erlangt habe. Gassel läuft nach vollbrachter Tat nach Hause, sagt gar nichts, ist furchtbar aufgeregt, wirft Geld und Revolver hinter die Kommode und rennt wieder fort und zwar zur Polizei wo er sich selbst des Totschlags an Tubbe bezichtigt. Da Fluchtverdacht nicht vorliegt, läßt man ihn wieder frei und er kommt in Schweiß gebadet nach Hause. Nun endlich erfährt seine Frau, was denn eigentlich los ist. Der Schuß, den Tubbe erhalten hat, war sofort tödlich.[7.2.]

Auch die Frau und die Tochter sagten während der oben erwähnten Verhandlung aus, die 14-jährige Tochter unter Ausschluss der Öffentlichkeit. Sachverständige Ärzte, die G. in der Heil- und Pflegeanstalt auf seinen Geisteszustand hin untersucht hatten, kamen zu dem Entschluss, dass keine geistige Störung, aber eine verminderte Zurechnungsfähigkeit vorliegen könnte. Nach einer längeren Beratung erachtete das Gericht den Angeklagten für schuldig, billigten ihm aber mildernde Umstände zu. Gassel wurde zu neun Monaten Gefängnis verurteilt.[7.2.]

15. August 1924

MÄDCHENRÄUBER IN WRIEDEL VERMUTET

Wriedel, 14. August 1924: Seit dem 31. Juli ist die 12-jährige Tochter des Arbeiters Schultz in Holtorf, Landkreis Lüneburg verschwunden. Sie sollte im Auftrag ihrer

Eltern in einem Nachbardorfe etwas besorgen und ist nicht wieder zurückgekehrt. Ihre Spur führte nach Wriedel, wo sie in Begleitung eines fremden Mannes und einer Frau gesehen sein soll. Es ist anzunehmen, daß das Mädchen in verbrecherischer Absicht verschleppt worden ist. Leider haben die Angehörigen erst jetzt der Polizei Mitteilung von dem Verschwinden des Mädchens gemacht, so daß die Nachforschungen dadurch ungemein erschwert werden.[7.2.]

>):(**Eine häßliche Straßenerscheinung** bildete gestern abend eine P r ü g e l e i unter Marktleuten auf der Veerßer Straße. Die beiden Kampfhähne rissen sich gegenseitig in ihrer Wut buchstäblich das Zeug vom Leibe. Der Vorgang hatte selbstverständlich den üblichen Menschenauflauf zur Folge.

Eine Prügelei führte 1924 zu einem Menschenauflauf in Uelzen.

22. August 1924

HOFBESITZER VERLIERT NACH SCHLÄGEREI SEIN AUGENLICHT

Jarlitz: In der Nacht vom 19. zum 20. August, während des Feuers hier am Orte, wurde von jungen Leuten aus Oitzen eine bestialische Tat vollbracht. Die als Raufbolde bekannten Bengels fielen über den Hofbesitzer Hermann Wöhling, der in der fraglichen Nacht in Stöcken weilte, her und schlugen dermaßen auf ihn ein (ohne jeglichen Grund), daß Wöhling sofort in ärztliche Behandlung genommen werden mußte. Wie verlautet, sind dem W. mehrere Rippen gebrochen und ein Auge ausgeschlagen. Hoffentlich wird die Staatsanwaltschaft, die sich der Sache schon angenommen hat, diesen Rohlingen eine Quittung geben, daß ihnen ein für allemal die Lust zu weiteren Schlägereien vergeht. In derselben Nacht passierte noch ein weiterer Fall von Messerstecherei; doch dürfte er ohne ernstliche Folgen für die Beteiligten abgelaufen sein.[7.2.]

> F. **Wriedel**, 1. Febr. Hier wurden gestern fünf durchziehende Personen durch den Landjäger v e r h a f t e t. Allem Anschein nach handelt es sich um Individuen, die mit einer M o r d s a c h e in Verbindung stehen. Die Leute gaben an, schon vier Monate arbeitslos zu sein. Die Kleidung der Personen schien den in sie gesetzten Verdacht zu bestätigen.

Fünf Mordverdächtige wurden im Februar 1925 in Wriedel festgenommen.

28. März 1925

STEDDORFER „HAUPTMANN VON KÖPENICK" VOR GERICHT

Lüneburg, 26. März 1925: Im November 1924 erschien in Steddorf, Kreis Uelzen, Oberleutnant von Sittigmüller und erzählte, er sei aus dem besetzten Gebiet mittellos geflüchtet. Er bekam Arbeit bei der Bahn, freundete sich mit einem ebenfalls dort beschäftigten ehemaligen Kellner an und nahm Wohnung bei einem Anbauer. Von dem Kellner borgte er sich einen Anzug und verschwand damit. Bei seiner plötzlichen Abreise war er seinem Hauswirt noch zwanzig Mark schuldig. In Hamburg, wo er den Anzug verkauft hatte, wurde er verhaftet und nun stellte sich heraus, daß Oberleutnant von Sittigmüller der schon vielfach vorbestrafte Schlachtergeselle Jacob Kraus aus Hersfeld war. Er hatte sich die Papiere eines gewissen Sittigmüller verschafft, um unter dem Namen als Gedankenleser Vorstellungen zu geben. Aber auch unter diesem Namen war er bereits vorbestraft. Den Adel und den Rang eines Oberleutnants hatte er sich aus eigener Machtbefugnis zugelegt. Das Schöffengericht verurteilte ihn zu einem Jahr Gefängnis. Außerdem hat er noch eine ganze Reihe von früher gegen ihn erkannten Strafen zu verbüßen.[7.2.]

27. April 1925

LEICHENFUND IM RIESSEL

Bevensen, 25. April 1925: Eine Helferin des hiesigen Kinderheims, die ihre Pfleglinge spazieren führte, fand heute Morgen im Riessel (fiskalische Forst) eine männliche Leiche, auf deren Brust ein Revolver lag. Bekleidet war dieselbe mit einem grauen Ulster, schwarzer Hose, schwarzen Schnürstiefeln und graugrünem Hut. Die Leiche war schon von Tieren angefressen. Daraus ist zu folgern, daß der Tod schon vor einigen Wochen eingetreten ist. Ob nun Mord oder Selbstmord vorliegt, muß die Untersuchung ergeben.[7.2.]

30. April 1925

ZWEI KINDER IM GASTHAUS MISSBRAUCHT

Ein Schurkenstreich. Im Dezember vorigen Jahres kehrten mehrere Herren aus Hamburg in einem hiesigen Gasthaus ein. Da sie durchaus zusammenbleiben wollten und das Gasthaus schon andere Gäste beherbergte, so mußten Räume zu Hilfe genommen werden, die sonst nicht für die Unterbringung von Gästen bestimmt waren. Dazu gehörte das Schlafzimmer der Kinder. Die beiden Kinder, ein Mädchen von fünf und ein Knabe von drei Jahren, wurden in ein anstoßendes Zimmer gebracht und dort in ein großes Bett gelegt. Ein Teil der Gäste ging früher zu Bett als der andere. Während diese Gäste noch unten saßen, ging die Wirtin hinauf, um nach den Kindern zu sehen. Da fand sie einen der Hamburger Gäste bei den Kindern im Bett liegen. Er hatte das kleine fünfjährige Mädchen vergewaltigt. Natürlich erhielt der saubere Gast zunächst eine gehörige Tracht Prügel und wurde dann von der schnell herbeigerufenen Polizei verhaftet. Das Mädchen aber war von dem geschlechtskranken Mann angesteckt worden und hat Monate lang darniedergelegen. Jetzt scheint es ja so, als ob das Mädchen ohne weiteren Schaden davon kommen würde. Die Krankheit hat sich aber auch auf den Knaben übertragen, dem dadurch das eine Auge völlig zerstört wurde, während für das andere Auge die Gefahr der Erblindung noch besteht. Der Hamburger wurde für diesen Schurkenstreich zu einem Jahr Gefängnis verurteilt. Sein Vater, ein sehr reicher Mann, hat sich von ihm losgesagt und denkt nicht daran, dem Wirt, der außer starken seelischen Erregungen natürlich auch sehr bedeutende Kosten für die Behandlung seiner Kinder zu bezahlen hatte, irgendwie eine Entschädigung zukommen zu lassen. Kommentar dazu ist überflüssig.[7.2.]

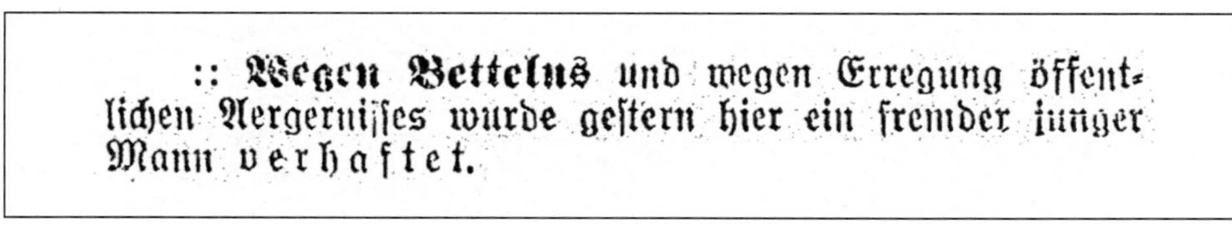
:: Wegen Bettelns und wegen Erregung öffentlichen Aergernisses wurde gestern hier ein fremder junger Mann verhaftet.

Noch 1925 geriet man wegen Bettelei schnell hinter Schloss und Riegel.

26. Januar 1926

FESTNAHMEN NACH SCHLÄGEREI IN EBSTORF

Im benachbarten Ebstorf fand gestern eine größere Schlägerei statt. Fünf bis sechs junge Leute belästigten in angeheitertem Zustande die Passanten und griffen dieselben tätlich an. Einige Ebstorfer Einwohner flüchteten in das Haus des Fahrradhändlers Lehmker, worauf die Burschen die ganze Fensterfront des Hauses demolierten. Ein Schmiedemeister sowie ein junges Mädchen wurden ebenfalls angegriffen. Dem Landjägermeister Herbst und Oberlandjäger Ohlendorf gelang es, die Leute festzunehmen. Einer der Beteiligten mußte dem Krankenhaus Uelzen zugeführt werden, da ihm von seiten eines Angegriffenen eine schwere Verletzung beigebracht worden war. Die Beteiligten – es handelt sich um Arbeiter der Ueberlandzentrale – werden sich wegen Landfriedensbruch zu verantworten haben.[7.2.]

10. Februar 1926

EINBRUCHSDIEBSTAHL BEIM KAUFMANN SCHEIDEL

Holdenstedt, 9. Februar 1926: In einer der letzten Nächte wurde bei dem Gastwirt und Kaufmann Scheidel in Holxen ein Einbruchsdiebstahl verübt. Jedenfalls hatten es die Diebe auf den Laden abgesehen, haben aber nicht hineinkommen können. Sie haben sich dann Eingang durch den Saal verschafft und sind dann in die Gaststube gelangt. Hier sind den Dieben ein Paar neue Stiefel, eine Joppe, Anzugstoffe und Zigarren in die Hände gefallen. Von der Gaststube sind sie auch auf den Hausflur gekommen, wo sie ein fast neues Herrenfahrrad mitgenommen haben. Der herbeigerufene Polizeihund nahm gleich eine Spur auf, doch konnten die gestohlenen Sachen nicht gefunden werden.[7.2.]

6. Mai 1926

RAUBMORD IM VEERSSER WALD

Um die Suche nach den Verübern der Bluttat im Veerßer Walde zu fördern, gibt auch das Landratsamt unseres Kreises nochmals genaue Einzelheiten der bisherigen Ermittlungen bekannt. Am Donnerstag, dem 6. Mai d.J. ist im Veerßer Holz eine männliche Leiche gefunden worden. Der Mann ist zweifellos eines gewaltsamen Todes gestorben. Nach den Ermittlungen ist die Person aller Wahrscheinlichkeit nach am Sonntag, 2. Mai, in den Abendstunden ermordet und beraubt worden. Nach einwandfreien Zeugenaussagen ist der Ermordete in Begleitung von zwei jüngeren Personen in der Nähe des Tatortes gegen 7 Uhr nachmittags gesehen. Die Beschreibung des bisher noch unbekannten Toten ist folgende: 30–40 Jahre alt, 1,69 Meter groß, gedrungene Gestalt, dunkles dünnes Kopfhaar, dunkler Schnurrbart, Anzug dunkelblau und grau gesprenkelt, schwarzer Schlapphut mit verblasstem Bande und Randeinfassung, schwarze Zugstiefel. Der Ermordete trug einen ziemlich neuen und vollgepackten Rucksack bei sich, den die Täter mit geraubt haben. Seine beiden Begleiter, die zweifellos den Mord begangen haben, werden folgendermaßen beschrieben: Beide etwa 1,75 Meter groß, schlank, trugen helle Jackettanzüge, graue Ballon- oder Radfahrermützen und machten einen heruntergekommenen Eindruck. Einer von ihnen hat stark eingefallene Backen. Aus den Spuren am Tatorte und den schweren Verletzungen des Toten muß gefolgert werden, daß die Kleidung der Täter mit Blut besudelt ist. Wenn sie auch zweifellos ihre Kleidung von dem Blut zu säubern versucht haben werden, bleiben doch immer noch an den Auswaschstellen rotbraune

Flecken zurück. Um die Mordgesellen ihrer gerechten Strafe zuzuführen und die Allgemeinheit von ihrer Gesellschaft zu befreien, ist die Mitarbeit aller bei der Aufklärung dieser grauenvollen Tat sehr erwünscht.[3.1.]

Aus einem Schreiben des Landjägermeisters Herbst an den Landrat in Oldenstadt geht hervor, dass sich in der Nähe des Toten ein blutiger Knüppel befand. Bei der Sektion wurde festgestellt, dass der Kopf zusätzlich vier große Stich- bzw. Schnittverletzungen aufwies und der Hals durchschnitten wurde. Für die Ermittlung der Täter wurde von der Staatsanwaltschaft eine Belohnung von 1.000 Mark ausgesetzt.[3.1.]

11. Mai 1926

LEICHENFUND BEI SCHWEMLITZ

Am 11. Mai 1926 ca. 6:30 Uhr nachmittags ist von dem Arbeiter Wilhelm Meyer zu Schwemlitz etwa 1000 Meter östlich von Schwemlitz und ca. 800 Meter südlich der Landstraße Schwemlitz–Hohenzethen auf einer mit Kiefern bewachsenen Anhöhe (sogenannter Hasenberg) eine männliche Leiche gefunden. Nach den bei der Leiche vorgefundenen Ausweispapieren handelt es sich um den Arbeiter Hermann Karl Albert Nagel. Nähere Beschreibung der Leiche: Größe ca. 1,70–1,71 m, hellblondes langes, hinten kurz geschnittenes Haar. Die Leiche war bekleidet mit hellem weichen Filzhut mit hell-grauem Bande, Manchesteranzug, schwarze Schnürschuhe, rechts schwarzen, links grauen wollenen Strümpfen, Hemd blau mit weißen Streifen (Arbeiter-Hemd) fast neu. Bei der Leiche befanden sich ein hellgrauer, ziemlich gut erhaltener Stoffmantel, ein weißes Taschentuch (ohne Zeichen) eine Mundharmonika und ein Rasiermesser mit schwarzer Schale, gekennzeichnet H.N. An der einen Manteltasche befand sich eine grau punktierte, schlappe Schirmmütze. Diese Sachen sind sichergestellt und befinden sich beim Amtsgericht in Uelzen. Lage der Leiche ist durch die Inaugenscheinnahme des Gerichts festgestellt. Nach dem Befund der Sektion liegt ohne Zweifel Mord vor Der Leiche war an der rechten Kopfseite oberhalb des Ohres mit einem harten Gegenstande der Schädel zertrümmert, wodurch sofort eine Betäubung eingetreten ist. Außerdem war der Leiche der Hals durchgeschnitten. Die bislang angestellten Ermittlungen führten zu folgendem Ergebnis. (…) Am Tatort ist noch ein mit Blut besudelter Bindfaden, womit der Ermordete scheinbar seinen Pappkarton verschnürt und auf dem Rücken befestigt hatte, gefunden.[3.1.]

(Bericht des Oberlandjägers Niestadt/Landjägeramt Weste vom 13. Mai 1926)

16. Mai 1926

RAUBÜBERFALL AUF DEM WEG NACH ESTERHOLZ

Am 16. Mai fuhr der Überfallene um 10:30 Uhr vormittags von Uelzen nach Esterholz. Als derselbe an der Stelle ankam, wo der Weg von Niendorf I nach Lehmke die Straße Uelzen–Esterholz kreuzt, sah er auf 50 Meter zwei Leute, welche ihm entgegenkamen. Diese Leute gingen so, dass der Überfallene zwischen denselben durchfahren musste. Als er mit ihnen auf gleicher Höhe war, riß ihn die größere Person vom Rade und griff nach seiner Uhr. Er konnte jedoch nur die Kette abreißen, da der Überfallene die Uhr festhielt. Die zweite Person holte mit einem Messer aus und stach auf ihn ein. Der Stoß konnte noch mit dem Arm abgedeckt werden, so daß der Überfallene nur an der linken Wangenseite verletzt wurde. In diesem Augenblick kamen zwei unbekannte Radfahrer dieselbe Straße entlang. Als diese von den Tätern gesehen wurden, ließen sie von dem Opfer ab und liefen in den Wald.[3.1.]

△ **Von Zigeunerkrawallen und -Schlachten** wurde in letzter Zeit wieder häufiger berichtet. Nirgends sieht man die ewig auf Wanderschaft befindliche fragwürdige Gesellschaft gern auftauchen, aber die Behörden wissen nicht recht, wie sie der Plage Herr werden sollen. In Uelzen waren in voriger Woche besonders viele Zigeuner versammelt, wohl über ein Dutzend Wagen hatten auf dem Platz in der Niendorfer Straße Rast gemacht, nicht gerade zur Freude der Anwohner. In das bunte Leben und Treiben brachte schließlich eine solenne Prügelei unter den braunen Gesellen noch eine besondere Abwechslung. Man bearbeitete sich mit Knüppeln, ein Bursche soll auch ein Messer benutzt haben. Einige der Männer trugen blutende Verletzungen davon. Die Polizei sorgte für Ruhe, und bald zog dann die ganze Gesellschaft weiter.

Im August 1926 kam es zu einer Massenschlägerei in Uelzen.

— Wegen Notzuchtversuchs an einem 14 Jahre alten Mädchen stand ein Arbeiter aus Uelzen vor dem Strafrichter. Zwischen Hambrock und Kl. Liedern hatte er im Mai dieses Jahres sein schändliches Treiben ausgeführt. Das Urteil lautete auf ein Jahr Gefängnis.

Wegen Notzucht musste sich 1926 ein Arbeiter aus Uelzen verantworten.

):(**Vermißt** wird seit dem 29. Juli d. Js. der hier bisher wohnhaft gewesene Arbeiter Friedrich Wiese, geboren am 1. Oktober 1853 zu Holtensen, Kreis Linden. W. ist ledig und wollte wegen eines Magenleidens einen Naturheilkundigen in Radbruch aufsuchen. Seitdem fehlt jede Spur von ihm. Der Vermißte ist 1,68—1,70 Meter groß und ist bekleidet mit graugrünem, dunklem Anzug, grauer Sportmütze, schwarzen Schnürstiefeln und weißer Wäsche. Etwaige Mitteilungen über den Verbleib des Genannten werden an die hiesige Polizei erbeten.

Vermisstenanzeige in der „Uelzen-Isenhagener Zeitung“ vom 10. August 1927.

17. September 1926

LANDSTREICHER MISSHANDELN JELMSTORFER EINWOHNER

Jelmstorf, 17. September 1926: Aufregende Vorgänge spielten sich gestern Vormittag in unserer Gemeinde ab. Der Pächter Schmidt hierselbst hatte sechs Leute von der Landstraße weg zum Kartoffelroden angenommen. Schon nach einem Tage jedoch war denselben die Arbeit leid und der erhaltene Lohn wurde in Alkohol umgesetzt. Nachdem sie schon in der Wirtschaft viel Lärm gemacht hatten, drangen sie in die neben der Gastwirtschaft liegende Bäckerei vom Meyer ein und verlangten von der im Hause allein anwesenden alten und kränklichen Frau Meyer Zigaretten und Essen. Frau Meyer gab ihnen Zigaretten und schickte sich an, in der Küche Brote zurechtzumachen. Hierbei wurde sie von einem der Landstreicher an die Kehle gepackt und mit Halsabschneiden bedroht, so daß sie vor Angst in Ohnmacht fiel. Zwei Kindern, die zum Einkaufen in den Laden kamen, wurde das Geld abgenommen. Als Frau Meyer wieder zu sich kam, mußte sie mit ansehen, wie die Eindringlinge Türen und Fenster einschlugen, sich Kleidungsstücke anzueignen und alle Behältnisse nach Wertsachen zu durchsuchen begannen. Sie schickte ein Kind zum Gemeindevorsteher, das diesen jedoch nicht antraf, aber auf dem Nachbarhofe von den Vorgängen Bescheid gab. Als daraufhin ein Tagelöhner und ein junger Mann der Frau Meyer zu Hilfe kamen, wurde der erstere gleich mit einer Schnapsflasche über den Kopf geschlagen und beide wurden mit Knüppeln und Fußtritten aufs gröblichste misshandelt. Auch der hiesige Schmiedemeister Becker und der 2. Beigeordnete, die bald darauf zum Schauplatz der Ausschreitungen kamen, wurden auf das roheste geschlagen und mit dem Revolver bedroht. Als jedoch nach und nach weitere Hilfe herbeieilte, versuchten die Landstreicher auszurücken. Sie wurden aber, bis auf einen, bald eingeholt und zunächst mit einer ausgiebigen Portion ungebrannter Asche bedacht. Die bald erschienenen Landjäger sorgten dann für ihre Verhaftung und Abführung nach dem Gerichtsgefängnis Medingen. Es sollen sich bereits schwer vorbestrafte Verbrecher unter der Gesellschaft befinden. Wegen der hiesigen Vorgänge werden sie sich jedenfalls einer Anklage wegen Landfriedensbruchs und vorsätzlicher Brandstiftung zu gewärtigen haben. Wie nämlich einer der Burschen, der sich als einziger von den Ausschreitungen ferngehalten hatte, bekundet, haben sie auf dem Heuboden, welchen ihnen der Pächter Schmidt als Schlafgelegenheit angewiesen hatte, trotz strengster Ermahnung Zigaretten angeraucht und die glimmenden Streichhölzer unter Außerachtlassung aller Vorsicht ins Heu geworfen. Die Verletzungen der hiesigen misshandelten Einwohner scheinen, wenn es auch allerhand Risse und Beulen gegeben hat, bis auf die des mit der Schnapsflasche über den Kopf geschlagenen Tagelöhners, zum Glück nicht ernstlicher Art zu sein.[7.2.]

5. Juli 1927

DIEBSTÄHLE IN GROSS LIEDERN UND ROSCHE

Dem Hofbesitzer Tiedemann in Groß Liedern wurden gestern durch den Schweizer Franz Richard 1000 Mark sowie eine goldene Herrenuhr entwendet. Der Täter ist 27 Jahre alt, 1,65 Meter groß, hat blasse Gesichtsfarbe und dunkles Haar und ist bekleidet mit blauem Anzug und blauer Schirmmütze.

Ein zweiter Diebstahl ereignete sich in Rosche beim Hofbesitzer Mennerich. Letzterem wurden durch den Arbeiter Paul Hoppe, 24 Jahre alt, 1,70 Meter groß, ein brauner Anzug, eine Uhr mit goldener Kette und 60 Mark gestohlen. Der Dieb trägt braungestreifte Hose, helles Jackett, Sportmütze, Halbschuhe und helle Strümpfe. Etwaige Mitteilungen sind an die Polizei zu richten.[7.2.]

15. September 1927

BETRUG ZU LASTEN DER TRAUERNDEN

Eine unbekannte Frau hat im vorigen Jahre hier verschiedene Einwohner – Angehörige Verstorbener – besucht und ihnen Angebote auf Anfertigung von Photographie-Vergrößerungen der Verstorbenen gemacht. Dabei wurden an die Betreffende Anzahlungen geleistet in Höhe bis zu 50 Mark. Die Bilder sind indes bis heute noch nicht eingetroffen, so daß anzunehmen ist, daß es sich um ein schwindelhaftes Manöver handelt. Die Polizei ersucht nun alle Personen, die an jene Frau Anzahlungen leisteten, sich auf dem hiesigen Polizeibüro zu melden. [7.2.]

> w. **Tatendorf**, 30. Nov. Wohin ein unfriedliches Zusammenwohnen führen kann, zeigte eine Verhandlung vor dem großen Lüneburger Schöffengericht. Auf einem hiesigen Hof wohnte eine Familie als Mieter. Zwischen Vermieter und Mieter bestand kein gutes Verhältnis, und jede der Parteien machte die andre Partei für das unglückliche Zusammenwohnen verantwortlich. Die Pflegetochter des Vermieters, ein in den Dreißigern stehendes junges Mädchen, fühlte sich eines Tages durch ein angebliches Gesichtschneiden der Mieterin gereizt, und ließ sich in plötzlich über sie gekommener Erregung dazu hinreißen, der Mieterin mehrere Male mit der Hundepeitsche ins Gesicht zu schlagen. Die Mieterin schrie heftig auf und befürchtete, das Augenlicht durch diese Schläge auf einem Auge zu verlieren. Nach 8 Tagen war das Auge jedoch völlig wieder gesund. Das Gericht hielt die Angeklagte der gefährlichen Körperverletzung auf Grund ihres Geständnisses und der Beweisaufnahme für überführt und verurteilte sie unter Versagung mildernder Umstände zu der Mindeststrafe von 2 Monaten Gefängnis. In der Urteilsbegründung wurde ausgeführt, daß gegenseitige Reibereien vorgekommen seien, die die Atmosphäre ungünstig beeinflußt hätten. Zu erwähnen wäre noch, daß die Mieterin vor 2 Jahren in einem Privatklageverfahren ebenfalls wegen Unzwistigkeiten mit dem Vermieter bestraft worden ist.

1927 kam es zur Verurteilung nach Schlägen mit der Hundepeitsche.

18. Februar 1928

WANDERBURSCHE ÜBERFALLEN

Raub? Gestern Nachmittag will ein Wanderbursche an der Straßengabelung Niendorf / Halligdorf / Esterholz von zwei Männern, die plötzlich aus dem Gebüsch auftauchten, angehalten worden sein, ihnen seine Barschaft zu verabfolgen. Der durch Drohung eingeschüchterte will diesem Verlangen notgedrungen entsprochen haben. Nähere Feststellungen sind in der Angelegenheit noch nicht gemacht. [7.2.]

2. März 1928

BESTRAFTER RACHEAKT

Ein 19-jähriger Landwirtssohn aus dem Kreise Uelzen war von zwei jungen Industriearbeitern verprügelt worden und berichtete in ziemlicher Aufregung diesen Vorfall zu Hause. Vater und Sohn folgten den Arbeitern, holten sie vor Uelzen mit ihrem Motorrade ein und verprügelten sie mit einem Stock und Gummiknüppeln so, daß die Arbeiter erst nach einigen Wochen wieder arbeitsfähig waren. Der Landwirt und sein Sohn wurden jetzt vom Lüneburger Schöffengericht zu 500 bzw. 300 Mark Geldstrafe verurteilt. Infolge der ersten, anscheinend von den Arbeitern ausgegangenen Prügelei nahm das Gericht von einer Freiheitsstrafe Abstand.[7.2.]

):(**Bei der Polizei-Kontrolle** wurde in letzter Nacht auf hiesigem Bahnhof ein Strafgefangener festgenommen, der am 23. Juni aus dem Polizeigefängnis Hannover entwichen war. Der Betreffende wurde dem hiesigen Gefängnis zugeführt.

In der Zeitung vom 27. Juni 1928 findet sich der Bericht von der Festnahme eines Strafgefangenen.

):(**Gelandete Leiche.** Heute vormittag beobachtete der Obermüller von Beckers Mühle in der Ilmenau eine Leiche. Nach Benachrichtigung der Polizei wurde dieselbe mit einem Boot an Land gebracht. Es handelt sich dabei um die seit dem 15. Mai d. Js. vermißte 25jährige Stütze Elisabeth Steinmüller. Die vollständig bekleidete Leiche, die durch das Liegen im Wasser stark entstellt war, wurde nach ihrer Rekognoszierung zur Leichenhalle gebracht.

Pressebericht vom 29. Mai 1928 über den Fund einer Wasserleiche.

p. **Vermißte Person.** Seit Dienstag, den 15. Mai, vormittags 9—10 Uhr, wird die Stütze Elisabeth Steinmüller, geb. 31. 8. 1903 zu Naumburg a. S., von hier vermißt. Sie hat um die erwähnte Zeit die elterliche Wohnung, Hammersteinplatz 3, stillschweigend verlassen. Von ihr fehlt seitdem jegliche Spur. Sie hat vorher brieflich ihrer Freundin Andeutungen darüber gemacht, daß sie ins Wasser gehen wolle. Es ist damit zu rechnen, daß sie dieses auch tun wird, zumal sie stark nervös, schwermütig und tief religiös veranlagt ist. Sie ist etwa 160 Zentimeter groß, schmächtig, hat dunkelblondes, langes, ungescheiteltes Haar, bleiches, langes Gesicht mit Wangengrübchen, gradlinige Nase, kleinen Mund, vollständige, plombierte Zähne. Sie war bei ihrem Fortgange bekleidet mit grüner gehäkelter Mütze, blauem Faltenrock, roter Bluse, gelbrötlichen Schuhen, blauem Mantel mit schwarzem Plüsch. Eventuelle Nachricht an die hiesige Polizei erbeten.

Mit Hilfe der Zeitung wurde am 21. Mai 1928 nach einer vermissten jungen Frau gesucht.

19. August 1928

MÄDCHEN BEI DER KARTOFFELERNTE VERGEWALTIGT

Auf dem Wege von Groß Liedern nach Mehre wurde gestern durch einen Wanderburschen einem jungen Mädchen aus Groß Liedern, das auf dem Felde bei der Kartoffelernte beschäftigt war, Gewalt angetan. Der Betreffende hatte zunächst mit dem jungen Mädchen ein Gespräch angeknüpft und es dann vergewaltigt. Das Mädchen ist zirka 20 Jahre alt. Durch schleunige Benachrichtigung des Landjägers konnte dieser den Mann, der zirka 24 Jahre alt ist, bald nach der Tat festnehmen.[7.2.]

28. November 1928

REUMÜTIGER STRASSENRÄUBER VERURTEILT

Zwei Melker trafen vor geraumer Zeit einen Arbeitskollegen namens Lehmann. Man sprach über verschiedenes, und dann setzte man sich auf die Bahn, wahrscheinlich um Arbeit zu suchen. In Uelzen wurde Station gemacht, und Lehmann bezahlte für seine neuen Freunde. Die beiden sahen eine gefüllte Tasche zum Vorschein kommen und fassten den abscheulichen Plan, den Lehmann in punkto Geld etwas zu erleichtern. Der eine, Kröß, 24 Jahre alt, erbot sich, die Handtasche Lehmanns zu tragen. Nahe Brockhöfe griff man den Ahnungslosen an. Als Lehmann sich zur Wehr setzte, sah er ein gezücktes Messer blitzen. Großmütig ließen die Freunde dem Ueberfallenen 37 Mark zurück und teilten die übrigen 300 Mark unter sich. Den Kröß aber ließ sein Gewissen keine Ruhe, und er stellte sich der Polizei. Vergebens fahndete man nach Lehmann, umsonst nach dem anderen Räuber. Der von Gewissen verfolgte Kröß saß nunmehr auf der Anklagebank. Sein Geständnis trug ihm zwar mildernde Umstände ein, andererseits wirkte die verabscheuungswürdige, nicht aus Not begangene Tat straferschwerend. Zwei Jahre Gefängnis sollen die Strafe sein.[7.2.]

w. **Wellendorf**, 25. März. Unter der Anklage des Totschlags stand vor dem Schwurgericht in Lüneburg der 30jährige russische Arbeiter Iwan Wolkow. Bei einer Hochzeit, die hier am 18. November 1927 gefeiert wurde, war unter dem Einfluß des Alkohols unter verschiedenen Gästen eine Schlägerei entstanden, bei der anscheinend der Russe von dem Pferdeknecht Berger geschlagen worden war. Er hatte sich danach wenige Minuten entfernt und stach nach seiner Rückkehr mit seinem Taschenmesser den Berger in den Nacken. Der Stich verletzte das Rückenmark und führte nach etwa vier Wochen den Tod des Getroffenen herbei. Der Stich war mit voller Wucht geführt worden, so daß die Klinge bis an das Heft in den Körper eingedrungen war. Der Russe wurde von den Zeugen als ordentlicher, fleißiger, strebsamer und enthaltsamer Mensch geschildert. Er wurde wegen Körperverletzung mit tödlichem Ausgang zu drei Jahren Gefängnis verurteilt.

Wegen Körperverletzung mit Todesfolge zu drei Jahren Haft verurteilt, 1928.

):(**Festgenommen** wurde hier der 17jährige Arbeiter Böge aus Bremen; derselbe suchte hier eine Reiseunterstützung nach, und dabei stellte sich heraus, daß der junge Mann in Bremen einen Geldbetrag unterschlagen hatte. Er wurde der dortigen Polizei überwiesen.

Diese beiden Zeitungsberichte stammen aus dem Jahre 1929.

ap. **Polizeiknüppel für die Landjägerei.** Wie der Amtliche Preußische Pressedienst mitteilt, werden die Landjägereibeamten demnächst mit dem Polizeiknüppel dienstlich ausgestattet werden. Er ist neben dem Seitengewehr und der Pistole 08 zu tragen und von den berittenen Beamten nur dann als Dienstwaffe zu führen, wenn sie ihren Dienst zu Fuß verrichten.

4. Februar 1929

SIEBENJÄHRIGE WIRD ZUM OPFER

Ein Sittlichkeitsattentat wurde heute Vormittag von einem schmächtigen jungen Mann dadurch verübt, daß er mit einem siebenjährigen Mädchen unzählige Handlungen vorzunehmen versuchte. Er wurde indes gestört und ist leider unerkannt entkommen. Man präge den Kindern scharf ein, daß sie sich nicht durch Verabredungen irgendwelcher Art verführen zu lassen, fremden Menschen irgendwie Folge zu leisten.[7.2.]

lv. **Bevensen,** 25. Juni. Ein Maurerlehrling hatte an einer Schmiede seinen Rock in der Zeit von 7 bis 19 Uhr aufgehängt. Während dieser Zeit wurden ihm aus seiner Geldtasche, die sich im Rock befand, fünf Mark gestohlen. — Vor einigen Tagen wurde einer Landwirtsfrau von hier, die mit Feldarbeit beschäftigt war, ihr Fahrrad, das sie in ein Kleefeld gelegt hatte, von zwei jungen Burschen gestohlen. Es handelt sich um ein älteres Damenfahrrad mit neuer grauer Bereifung und neuem bunten Kleiderschutznetz, die untere Hälfte der Handbremse fehlt. Die Burschen wollten nach Bad Nenndorf.

Im Juni 1929 kam es zu wiederholten Diebstählen in Bevensen.

>):(**Gelandete Leiche.** Am 1. Ostertage mittags wurde aus der Ilmenau bei Beckers Mühle eine männliche Leiche im Wasser liegend beobachtet. Nachdem sie an Land gebracht, wurde sie nach den bei dem Toten vorgefundenen Papieren als der Schlosser W. Kempf, geboren am 17. 3. 1904 zu Uelzen, rekognosziert. Der Genannte war seit November von hier abwesend. Seine Angehörigen nahmen indes an, daß er in Hamburg Stellung angenommen habe, weshalb von einer polizeilichen Meldung Abstand genommen war. Die Leiche war schon stark in Verwesung übergegangen. Der Tote trug in seinen Taschen Ziegelsteine. Gestern fand die behördliche Obduktion der Leiche statt. Es wird Selbstmord angenommen.

Auch 1929 wurde über den Fund einer Wasserleiche in der Ilmenau berichtet.

1. Juni 1929

GRAUENHAFTES SPIELZEUG

Ein Landjäger im Kreise Uelzen sah Kinder auf dem Friedhof mit einem Paketchen Fußball spielen und entdeckte darin die Leiche eines noch nicht ausgetragenen Kindes. Nachforschungen ergaben, daß ein Mädchen im vierten Monat eine Fehlgeburt gehabt hatte, die zurückgeführt wurde auf die Hilfe von „Nixentropfen". Wegen Vergehens gegen § 218 stand das Mädchen jetzt vor Gericht. Der medizinische Sachverständige erklärte, daß das Mittel absolut wirkungslos sei, daß vielmehr die Fehlgeburt durch schwere Feldarbeiten entstanden sein müsse. Die versuchte Abtreibung war jedoch erwiesen, und das Mädchen wurde zu einem Monat Gefängnis verurteilt.[7.2.]

Juli 1929

FAHNDUNG NACH FLÜCHTIGEN ZUCHTHÄUSLERN

Növenthien, 22. Juli 1929: In den Nachbarwaldungen hatte ein Autofahrer eine Panne. Zur Behebung der Störung begab sich der Autofahrer nach dem nächstgelegenen Orte und ließ seine Frau im Auto zurück. Als sich der Mann entfernt hatte, versuchte ein fremder Mann, der aus dem Busch kam, die Frau zu vergewaltigen. Sie schrie um Hilfe und glücklicherweise kam des Weges ein Telegraphenarbeiter, der die Frau in Schutz nahm, so daß ihr nichts geschah. Es wurde festgestellt, daß es sich dabei um drei Männer handelte, die dann verschwanden. Es wurde sofort eine Streife durch die Wälder veranstaltet, aber niemand entdeckt. Eigenartigerweise ist der Autobesitzer mit seiner Frau nach Hannover weitergefahren, ohne vorher der Polizei irgendwelche Meldung zu machen.[7.2.]

(Uelzen-Isenhagener Zeitung vom 24. Juli 1929)

Növenthien, 28. Juli 1929: Nach den drei Verbrechern wurde in den letzten Tagen noch immer eifrig in dem großen Waldgebiet zwischen Kreyenhagen und Növenthien gesucht. Das Unterholz und das vielfach unebene Gelände bietet den Verbrechern genügend Unterschlupf, aber auch die Kornfelder wählen sie als Verstecke, wie auf den Streifen, die noch immer stattfinden, festgestellt werden konnten. Wie schon berichtet, sind bei der ersten Streife an der ca. 200 Mann teilnahmen, drei verdächtige Burschen gesehen worden, die aber nach der Növenthiener Seite entfliehen konnten. Am Mittwoch fand eine zweite große Streife statt, an der außer den Landjägereibeamten aus dem Kreise Lüchow auch Ortsbewohner und Feuerwehrleute teilnahmen. Von der ca. 60 Mann starken Streife wurde im Unterholze die Lagerstätte gefunden, an dem die drei Verbrecher übernachtet hatten. Einer dieser Burschen besaß die Frechheit, am Dienstagabend in dem Orte Növenthien zu betteln. Er bekam auch an einigen Stellen Lebensmittel, wurde aber zu spät erkannt und konnte in Richtung Dalldorf entkommen. Nach Aussagen von Ortsbewohnern sind die Täter an der Ueberfallstelle und auch auf der Chaussee wieder gesehen worden. Am Mittwochnachmittag haben sie in der Nähe von Proitze einer Arbeiterfrau das Vesperbrot abgenommen. Die Frau war mit Feldarbeiten beschäftigt, als zwei der Burschen aus dem Walde traten und von ihr Lebensmittel forderten. Sie gab daraufhin ihr Vesperbrot. Damit gaben sich diesmal die beiden zufrieden und verschwanden wieder im Wald. Es handelt sich bei den Gesuchten jedenfalls um die am 12. Juli aus dem Zuchthaus in Lüneburg entsprungenen drei Zuchthäusler. Es sind dies der Arbeiter David Bitzer, geb. 1886 zu Bobach, Maurer Fr. Drögemüller, geb. 1896 zu Uelzen und der Arbeiter Heinrich Müller, geb. 1899 zu Leinhausen.[7.2.]

Der Uelzen-Isenhagener Zeitung vom 30. Juli 1929 ist zu entnehmen, dass die Gesuchten in Hannover festgenommen werden konnten.[7.2.]

10. August 1929

ZWEI VERBRECHER DURCH OBERLANDJÄGER VERHAFTET

Festgenommen wurde vorgestern Abend durch einen hiesigen Oberlandjäger ein Zigeuner aus Breitenhees, der wegen eines verübten Totschlags gesucht wird. Bei einer zurzeit dort lagernden größeren Zigeunertruppe wurde noch eine weitere Person festgenommen, die sich seit längerer Zeit bei dem Wagen der Zigeuner aufhielt, jedoch der Truppe sonst fremd ist. Der Festgenommene hat versucht, die 14-jährige Tochter des einen Zigeuners zu vergewaltigen, was jedoch durch die ältere Schwester verhindert wurde. Der Mann wurde dem hiesigen Gerichtsgefängnis zugeführt.[7.2.]

16. Oktober 1929

NÄCHTLICHER RAUB

In letzter Nacht gegen 1:15 Uhr erschien in der hiesigen Warteschule in einem Schlafzimmer, wo Dienstboten nächtigen, plötzlich ein Mann und forderte unter vorgehaltenem Revolver von den dort Schlafenden die Herausgabe von Geld. Der Unbekannte war anscheinend in dem Glauben, daß es sich dort um eine Villa handelte. Nachdem er sich überzeugt hatte, daß dort tatsächlich nichts zu holen war, verschwand der unheimliche Nachtbesucher. Vorsichtigerweise hatte er nach Betreten des Zimmers die Tür von innen verschlossen. In einem einzeln gelegenen Gebäude auf dem Rahland ist offensichtlich derselbe Täter in letzter Nacht eingedrungen. Dort hat er in der Hauptsache nach Geld gesucht. Er erbeutete einen Betrag von 28 Mark. Außerdem stahl er Briefmarken, einen vierkantigen Wecker aus Tula und eine große Lokomotivführer-Taschenuhr. Schließlich wurde der Einbrecher durch Hausbewohner gestört.[7.2.]

1930–1945

):(**Aufgefundene Leiche.** Heute früh zwischen 8 und 9 Uhr wurde in einem Abort des hiesigen Personenbahnhofes eine unbekannte männliche Leiche gefunden. Die Todesursache bleibt noch festzustellen, ebenso die Identität des Toten. Es handelt sich um einen ca. 35-jährigen gutgekleideten Mann. Die Leiche hatte Geld- und Wertsachen noch bei sich.

Am 4. März 1930 gab es einen Leichenfund in der Nähe des Uelzener Bahnhofes.

lv. **Tätendorf,** 25. März. Auf der Wanderschaft kam im Frühjahr 1929 durchnäßt, frierend und hungrig der stellenlose Techniker Albert Ehlem aus Zeven in den Kreis Uelzen und klopfte bei der Witwe Meyer in Tätendorf an. Er bat um ein Trinkgeld. Die Frau gewährte ihm Nachtlager; er erweckte ihr Mitleid, und sie behielt ihn einige Tage dort. Der Techniker erzählte der Frau, daß er bei der Marine gewesen sei und noch 250 Mark von dort zu bekommen habe. Er wollte nach Hannover, um dort seine Sachen zu holen. Reisegeld hatte er nicht. Die Frau hatte Zutrauen zu ihm und gab ihm das einzige Geld, das sie hatte, einen 20-Markschein. Ehlem fuhr aber nach Berlin, kam wieder nach Tätendorf, blieb dort geraume Zeit und erklärte, daß er eine Stelle als Techniker beim Elektrizitätswerk in Uelzen bekommen habe. Vorher aber müsse er noch zu seinem Onkel nach Breslau fahren. Die Frau verkaufte ihre Ziege, die ihr und ihren drei Kindern Milch lieferte, und gab den Erlös von 30 Mark dem Techniker, der bald darauf wiederkam und erneut die Hilfe der Frau in Anspruch nahm. „Du hast mir nun so weit geholfen, kannst Du mir nicht auch noch weiter helfen? Du hast ja noch zwei Schinken hängen!" Die Schinken wurden in Uelzen für über 60 Mark verkauft. Die Witwe bekam ganze 20 Pfennig von dem Erlös ab. Sie hatte immer noch keinen Argwohn gegen den Mann, und als er nach einigen Tagen von Hamburg kam mit dem Bemerken, er habe seinen Vater auf Pflichtteil verklagt, vertraute sie ihm am Karfreitag bei seiner letzten Abreise noch 60 Ellen selbstgewebtes Leinen an. Einen Ballen sollte angeblich die Tante des Technikers für die Uebernahme einer Kaution haben. Aus dem anderen habe er der Frau etwas machen lassen wollen. Die Frau hat ihm außerdem noch Kleidungsstücke ihres verstorbenen Ehemannes gegeben. Als sie sich, nachdem sie einen Brief aus Dresden bekommen hatte, nach ihrem „Schützling" erkundigte, merkte sie erst, daß sie einem gemeinen Schwindler in die Hände gefallen war. Die Frau hatte eine Bemerkung des Mannes so verstanden, daß er sie heiraten wolle. Der Staatsanwalt beantragte gegen den Angeklagten, der in der Hauptverhandlung vor dem Lüneburger Schöffengericht sehr selbstbewußt auftrat und seine Schwindeleien zum großen Teil in Abrede stellte, unter Versagung mildernder Umstände 1½ Jahre Zuchthaus. Das Gericht billigte ihm jedoch nochmals mildernde Umstände zu, obwohl der Mann einschlägig vorbestraft ist. Es faßte seine Taten als eine fortgesetzte Handlung auf und erkannte wegen Betruges im Rückfalle auf zwei Jahre Gefängnis.

Ein Betrüger wurde im März 1930 zu zwei Jahren Gefängnis verurteilt.

28. April 1930

SCHWERER EINBRUCHSDIEBSTAHL IN BARGDORF

Bienenbüttel: In der Nacht zum Sonntag wurde im benachbarten Bargdorf wieder ein schwerer Einbruchdiebstahl verübt. Diesmal statteten die Diebe dem Hofbesitzer H. Röver einen Besuch ab und stahlen neben Fleisch- und Wurstwaren zwei Ferkel von je 50 Pfund Gewicht. Das Diebesgut wurde auf einem anscheinend gleichfalls gestohlenen Handwagen fortgeschafft. In einem alten Schafstall am sogenannten Klepenberg, in welchem zuvor die Diebe ein paar Stunden geschlafen hatten, wurden die Ferkel abgestochen und das gestohlene Gut sorgfältig im Wagen verstaut. Doch der inzwischen in Kenntnis gesetzten Polizei gelang es mit Unterstützung zweier Landjäger, die Diebe festzunehmen.[7.2.]

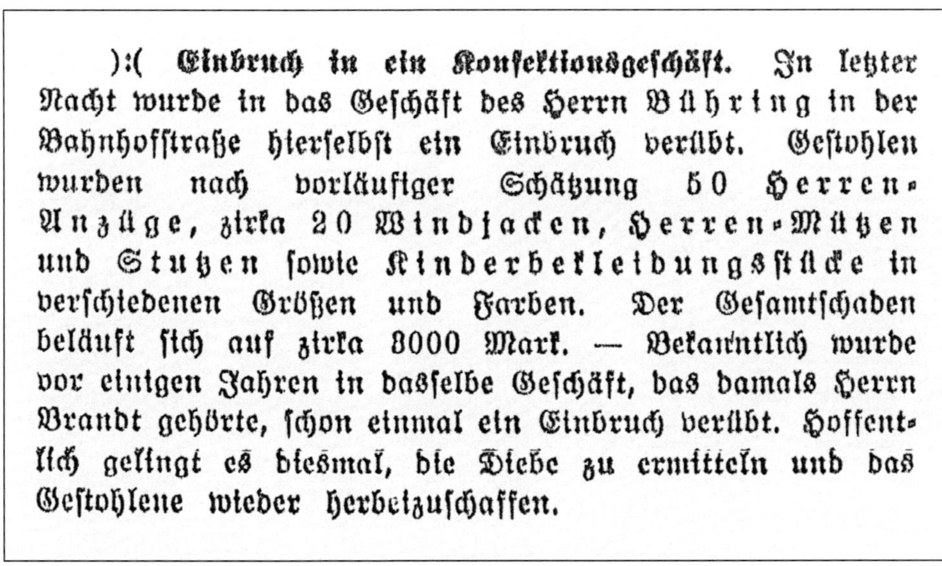

)·(**Einbruch in ein Konfektionsgeschäft.** In letzter Nacht wurde in das Geschäft des Herrn Bühring in der Bahnhofstraße hierselbst ein Einbruch verübt. Gestohlen wurden nach vorläufiger Schätzung 50 Herren-Anzüge, zirka 20 Windjacken, Herren-Mützen und Stutzen sowie Kinderbekleidungsstücke in verschiedenen Größen und Farben. Der Gesamtschaden beläuft sich auf zirka 8000 Mark. — Bekanntlich wurde vor einigen Jahren in dasselbe Geschäft, das damals Herrn Brandt gehörte, schon einmal ein Einbruch verübt. Hoffentlich gelingt es diesmal, die Diebe zu ermitteln und das Gestohlene wieder herbeizuschaffen.

Im Mai 1930 kam es zu diesem Einbruch in der Uelzener Bahnhofsstraße.

7. Juli 1930

RÄUBER SCHIESSEN AUF EINEN WANDERER

Am Sonnabendnachmittag wurde ein Wanderer im Gehölz in der Nähe von Ripdorf von zwei Personen, die von ihm Geld forderten, angehalten; da er dieses nicht geben konnte, machten sie von der Schusswaffe Gebrauch. Der Verletzte wurde in das Krankenhaus eingeliefert. Nähere Personalangaben der Täter sind nicht bekannt.[7.2.]

25. März 1931

HAUSBURSCHE GERÄT AUF DIE SCHIEFE BAHN

Schmölau, 24. März 1931: Der erst 16-jährige Hausbursche E. K. aus Bonese scheint frühzeitig auf die schiefe Bahn zu gelangen. K. war von seinem Arbeitgeber beauftragt worden, bestellte Waren nach hier zu mehreren Leuten zu bringen. So u.a. auch zu einer älteren Frau. Diese bemerkte nach einigen Tagen, daß die Taschenuhr ihres verstorbenen Mannes, die in der Wohnstube an der Wand hing, verschwunden war. Sie brachte diesen Diebstahl bei dem zuständigen Landjäger zur Anzeige. Dieser stellte fest, daß als Täter nur allein der Hausbursche K. in Frage kommen konnte. Nun aber hatte dieser Bursche bereits das Weite gesucht, und man fand auf seiner Kammer nur noch die zur Uhr gehörende Kapsel. Außerdem versuchte K., als er seine Stellung bereits verlassen hatte, Gelder für verabfolgte Waren einzukassieren.[7.2.]

20. April 1931

STÖCKENER EINWOHNER ERSCHOSSEN

In der Nacht zum Sonntag ereignete sich hier eine schreckliche Bluttat, die die Bevölkerung unseres Ortes wie auch der Umgebung in große Aufregung versetzt hat. Diebe waren in die Molkerei eingedrungen und hatten aus der Kasse das Wechselgeld gestohlen. Nachdem sie noch einen Einbruchsversuch beim Lehrer Hoyer gemacht hatten, gingen sie zu dem unweit der Molkerei liegenden Hause des 57 Jahre alten Arbeiters Friedrich Lüders. Dort verschafften sie sich Zutritt und waren damit beschäftigt, Wurst und andere Lebensmittel zusammenzupacken, als sie von L. überrascht wurden. Die Einbrecher schossen sofort auf ihn und streckten ihn tot nieder. Als Frau Lüders ihrem Mann nacheilte, fand sie ihn nur noch tot in einer Blutlache liegend vor. Von den Einbrechern war nichts mehr zu sehen. Im Verdacht an dieser Bluttat beteiligt gewesen zu sein, steht ein Walter Krüger, der als Ein- und Ausbrecher bekannt ist. Er ist von Beruf Klempner und am 2. Januar 1906 in Schönlanke (Grenzmark) geboren. Er hat zahlreiche Einbruchsdiebstähle begangen und wird von den Staatsanwaltschaften Hannover und Lüneburg gesucht. Vornehmlich bricht er in einzeln stehende Häuser ein und erzwingt oft unter Benutzung einer Schusswaffe die Herausgabe von Geld. In einem Falle hat er ein junges Mädchen überfallen und mit einem Hammer schwer verletzt. Krüger ist aus mehreren Irrenanstalten entwichen; er ist 1,75 Meter groß, hat dunkelblondes Haar, graue Augen, breite eingedrückte Nase, spitzes Kinn,

Narben über Nasenansatz und einem Auge, ist bekleidet mit Sportanzug, rotbraunen Sportstrümpfen, brauner Breecheshose, brauner Wolljacke mit Reißverschluß, blauem Jackett, blauer Schirmmütze und graubraunem Lodenmantel mit großen Karos. Er führt ein gestohlenes Herrenrad „Diamant" bei sich. Die Bevölkerung wird gebeten, durch schleunige Benachrichtigung der Landjägerei, falls der Verbrecher irgendwo gesehen wird, zur Beseitigung dieses gemeingefährlichen Burschen beizutragen. Gefunden wurde am Tatort ein Kupfermantelgeschoß mit einer Messinghülse, Kal. 9 Millimeter. Das Geschoß entstammt jedenfalls einer Selbstladepistole. Wahrscheinlich sind drei Einbrecher an der Arbeit gewesen, die von zwei Personen, in Richtung Riestedt flüchtend, gesehen worden sein sollen. Ihre Fahrräder hatten sie jedenfalls im Chausseegraben versteckt.[7.2.]

Der Landrat berichtete am 20. April 1931 dem Regierungspräsidenten in Lüneburg von diesem Vorfall:

Am Sonntag, den 19. D. Mts. 2:30 Uhr nachts ist bei dem Steinsetzer und Arbeiter Friedrich Lüders geboren am 9.06.1874 in Stöcken, der in einem Häuslingshause des Hofbesitzers Lüders in Stöcken wohnte, eingebrochen worden. Die Ehefrau erwachte durch das Geräusch, das die Einbrecher in der an das Schlafzimmer angrenzenden Speisekammer verursachten, und weckte ihren Ehemann. Dieser ging unbekleidet und unbewaffnet dem Geräusch nach. Als er die Tür zur Speisekammer öffnete, erhielt er sofort einen Schuss, der ihm auf der linken Seite unterhalb der Achselhöhle quer durch die Brust ging, so daß er sofort getötet wurde. Da Nachbarn kurz vor dem Schuss zwei Personen auf der Strasse laufen hörten, muss angenommen werden, daß es sich um mindestens drei Einbrecher gehandelt hat, von denen der letzte, ehe er die Speisekammer wieder durch das Fenster verlassen konnte, durch Lüders überrascht ist, wobei er ihn dann erschoss. Etwa eine Stunde später ist die Landjägerei von den Nachbarn benachrichtigt worden. Im Kreise Uelzen wurde darauf sofort der Polizeialarm durchgeführt.[3.1.]

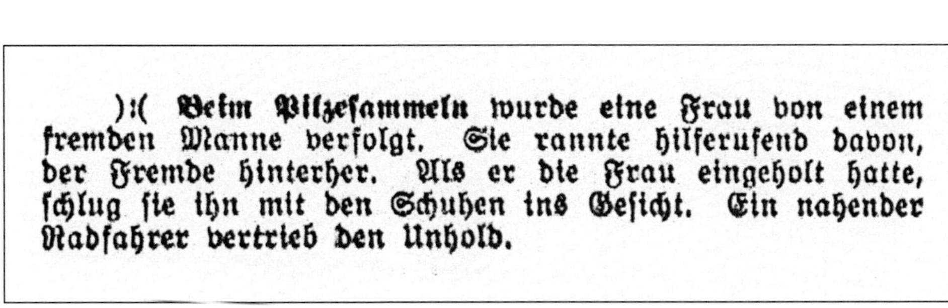

)!(Beim Pilzesammeln wurde eine Frau von einem fremden Manne verfolgt. Sie rannte hilferufend davon, der Fremde hinterher. Als er die Frau eingeholt hatte, schlug sie ihn mit den Schuhen ins Gesicht. Ein nahender Radfahrer vertrieb den Unhold.

Eine Pilzsammlerin wurde im August 1931 überfallen.

16. SEPTEMBER 1931

BLUTTAT DURCH EINEN ROSCHER MALERGEHILFEN

BANKEWITZ, 15. SEPTEMBER 1931: Zu der gemeldeten Bluttat, der der Knecht Klapproth des Hofbesitzers Mennerich zum Opfer fiel, wird noch folgendes gemeldet: Der Knecht hatte vor der Gastwirtschaft mit Bekannten eine heftige Auseinandersetzung. In ihrem Verlauf erhielt er zwei Messerstiche in den Oberarm in der Nähe der Achselhöhle. Als er kurz darauf zu Hause ankam, verspürte er heftige Schmerzen und fiel als Leiche zur Erde. Der Tod ist durch innere Verblutung eingetreten. Der Täter, ein Malergehilfe D. aus Rosche, wurde verhaftet.[7.2.]

-e. **Lüder**, 1. Jan. In der Nacht zum 31. Dezember wurde beim Kaufmann Lühr hierselbst ein Einbruch verübt. Es wurden über 200 Mark Bargeld geraubt, ferner Wäschestücke, Zigaretten usw. im Werte von ebenfalls 200 Mark. Anschließend statteten die Einbrecher Herrn Lehrer Schuster einen Besuch ab, wo sie aus der Speisekammer allerhand Lebensmittel entwendeten. Von den Tätern fehlt jede Spur.

Das Jahr 1931 endete mit einem Einbruchdiebstahl in Lüder.

6. AUGUST 1932

WIEDERHOLTE EINBRUCHSDIEBSTÄHLE IN BOHLSEN

BOHLSEN, 5. AUGUST 1932: In unserem Orte sind wieder Einbrecher am Werk. In der vorletzten Nacht versuchten zwei Diebe in den Laden des Schuhmachers Hermann Schröder zu gelangen, konnten aber im letzten Augenblick an der Ausübung ihrer Tat gehindert werden. Leider sind sie auch diesmal wieder entkommen. Man nimmt an, daß sie drei weitere Einbruchsdiebstähle, die in diesem Jahre in unserem Ort verübt wurden, auf dem Kerbholz haben. Die Täter sind etwa 1,80–1,85 Meter und 1,55–1,60 Meter groß. Hoffentlich gelingt es bald, den beiden Einbrechern das Handwerk zu legen. [7.2.]

):(**Kindesleiche angeschwommen.** Am Freitag nachmittag wurde im Straßenkanal eine männliche Kindesleiche gefunden. Es handelt sich um ein Kind in einer Größe von 25 Zentimetern mit ausgewachsenen Fingernägeln. Die Leiche ist zur weiteren Entscheidung in der Sezierhalle der Friedhofskapelle ungebracht.

Fund einer Kinderleiche im August 1932.

):(**Umfangreichen Diebstählen** ist die Polizei hier auf die Spur gekommen. Am gestrigen Tage wurden zwei hiesige Einwohner festgenommen, die beschuldigt sind, seit geraumer Zeit eine Anzahl Straftaten ausgeführt zu haben. Insbesondere handelt es sich um eine ganze Reihe von Jagdhaus-Einbruchsdiebstählen. Es konnte eine ganze Menge Diebesgut herbeigeschafft werden. Ein großer Teil fehlt indes noch. Die Diebe haben die ganze Umgegend unsicher gemacht. Ein Teil der Diebesbeute wurde von den Bestohlenen als ihr Eigentum reklamiert. Etwaige weitere Geschädigte mögen sich bei der Polizei melden. Der Beginn der Diebstähle geht auf ein halbes Jahr zurück.

Diebstähle und Falschgeld in Uelzen und Umgebung führten 1932 zu Festnahmen.

):(**Festgenommen** wurde ein angeblicher Seemann, der gestern hier und in Oldenstadt versuchte, falsche Tausendmarkscheine an den Mann zu bringen.

8. August 1932

HANDGEMENGE ZWISCHEN LANDSTREICHERN AM HAMMERSTEINPLATZ

Arg zugerichtet wurde am Sonnabendabend am Hammersteinplatz ein Landstreicher, der mit seinem Kollegen in Meinungsverschiedenheiten geraten war, die dann im Handgefecht ausgetragen wurden. Der Stärkere hatte sein Opfer unter sich liegen und schlug wild mit den Fäusten auf es ein. Als er dann zum Handstock greifen wollte, wurde er von Passanten daran gehindert, worauf der Täter ausrückte – der Platz hinter der Gertrudenkapelle ist zum richtigen Lagerplatz für Landstreicher geworden. Täglich kann man beobachten, daß dort mehrere dieser Tippelbrüder sich niedergelassen haben, und man kann auch bemerken, daß des Öfteren recht lebhafte Debatten abgehalten werden. Auch die beiden dort befindlichen Bänke sind lediglich nur noch für die Landstreicher da, und der Spaziergänger mag sich, wenn sie wirklich mal unbesetzt sein sollten, nicht mehr darauf niederlassen.[7.2.]

Die in den Jahren 1511 bis 1513 erbaute Gertrudenkapelle in Uelzen. In der Vergangenheit diente sie nicht nur als Gotteshaus, sondern auch als eine der Notunterkünfte für Reisende, wenn die Stadttore bereits geschlossen waren. Hier kam es 1932 zu einer Schlägerei zwischen Landstreichern.

26. Januar 1933

ARBEITER WEGEN GEFÄHRLICHER KÖRPERVERLETZUNG VERURTEILT

Reinstorf, 24. Januar 1933: Wegen gefährlicher Körperverletzung hatte sich der bei dem hiesigen Hofbesitzer O. in Stellung gewesene landwirtschaftliche Arbeiter G. vor dem Amtsgericht in Uelzen zu verantworten. Im Dezember vorigen Jahres war der angeklagte Arbeiter den Aufforderungen des bei O. beschäftigten Melkers P., doch die Kuhstalltür zu schließen, nicht nachgekommen. Auf eine beleidigende Aueßerung des Angeklagten kam es zwischen beiden zu einem Wortwechsel. Während nun beide ihren Beschäftigungen nachgingen, kam der Angeklagte in die Waschküche, in der P. die Milchkannen wusch, ergriff eine dort stehende Latte und versetzte dem P. einige Schläge. Durch diese Schläge wurde dem Melker der Finger gebrochen, so daß er ärztliche Hilfe in Anspruch nehmen und sich in das Krankenhaus zur Behandlung begeben mußte. An den Folgen der Verletzungen hat P. noch heute zu leiden; noch jetzt ist es ihm unmöglich, voll und ganz seinen Beruf auszuüben. Mit Rücksicht auf die schweren Verletzungen verurteilte das Gericht den Angeklagten zu acht Monaten Gefängnis.[7.2.]

> × **Bodenteich, 24. März.** Ein hiesiger Einwohner, dessen Frau in dem oberen Stockwerk im leidenden Zustande im Bette lag, hatte seine Wohnung abgeschlossen, den Schlüssel aber steckenlassen und war seinem Beruf nachgegangen. Nach einiger Zeit, als er sich um seine Frau kümmern wollte, begegnete ihm auf der Treppe ein „Penner", der auf Befragen angab, daß er habe betteln wollen, aber ein „ehrlicher" Mann sei und vor der verschlossenen Tür kehrtgemacht habe. Die Frau hatte aber im Schlafzimmer gehört, daß jemand im Wohnzimmer gewesen war, den sie, in der Annahme, daß es ihr Mann sei, nicht anrief. Später stellte sich dann heraus, daß der „ehrliche" Mann sich einen Schrank geöffnet und dem Hausherrn die Zigarren entwendet hatte. Leider waren die sofort angestellten Nachforschungen ergebnislos, denn der „Penner" war spurlos verschwunden. Es ist daher wohl angebracht, dem Bettlervolk doppelt achtsam auf die Finger zu sehen.

Die Zeitung berichtete Ende März 1933 über einen dreisten Diebstahl in Bodenteich.

27. Juli 1933

GROSSER SILBERDIEBSTAHL IN HOLDENSTEDT

Holdenstedt, 27. Juli 1933: Heute Nacht wurde bei Herrn Rittmeister v. d. Wense ein Einbruchsdiebstahl ausgeführt. Die Diebe haben ein Fenster angebohrt, das Fenster dann aufgebrochen und sind so in das Innere des Hauses gelangt. Sie haben mehrere Zimmer durchsucht und alle Behälter geöffnet und eine große Anzahl Silbersachen entwendet. Die wichtigsten Gegenstände sind: Gravierte Rennpreise: Pokale, Becher, Zigarettenbecher, komplette Tischbestecke, große und kleine mit Wappen „von der Wense", ein großer silberner Teekessel, ebenfalls mit Wappen, und andere Sachen, eine gestrickte Chaiselonguedecke, einige Servietten (H.R. mit Krone eingestickt), ein

Serviettenring „von der Wense“ und Wappen u.a. mehr. Herr Rittmeister v. d. Wense hat für die Wiederbeschaffung der entwendeten Gegenstände oder für die Namhaftmachung der Täter, so daß er diese gerichtlich belangen lassen kann, eine Belohnung von 50 bis 100 Reichsmark ausgesetzt.[7.2.]

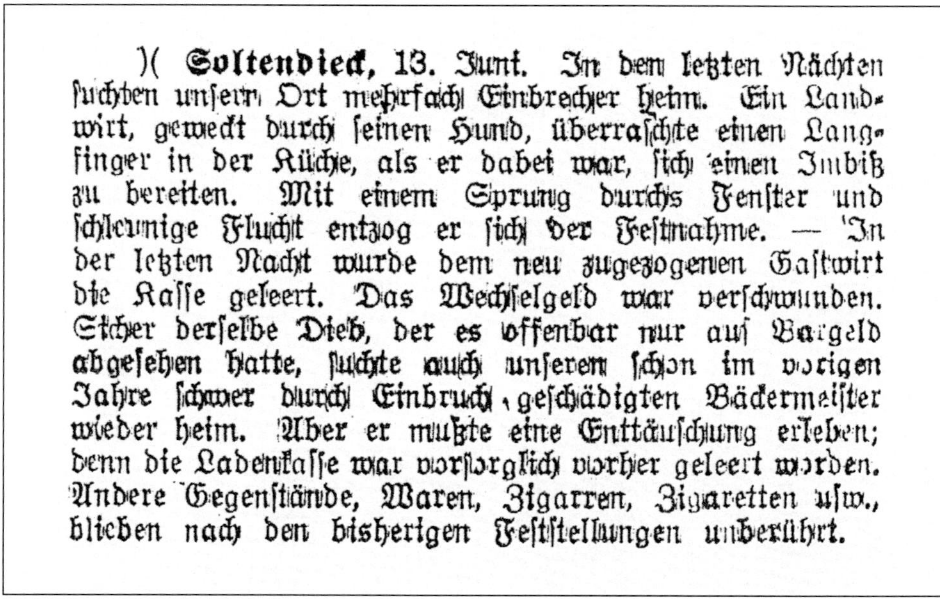

)(Soltendieck, 13. Juni. In den letzten Nächten suchten unsern Ort mehrfach Einbrecher heim. Ein Landwirt, geweckt durch seinen Hund, überraschte einen Langfinger in der Küche, als er dabei war, sich einen Imbiß zu bereiten. Mit einem Sprung durchs Fenster und schleunige Flucht entzog er sich der Festnahme. — In der letzten Nacht wurde dem neu zugezogenen Gastwirt die Kasse geleert. Das Wechselgeld war verschwunden. Sicher derselbe Dieb, der es offenbar nur auf Bargeld abgesehen hatte, suchte auch unseren schon im vorigen Jahre schwer durch Einbruch geschädigten Bäckermeister wieder heim. Aber er mußte eine Enttäuschung erleben; denn die Ladenkasse war vorsorglich vorher geleert worden. Andere Gegenstände, Waren, Zigarren, Zigaretten usw., blieben nach den bisherigen Feststellungen unberührt.

Zu zahlreichen Einbrüchen kam es 1933 auch in Soltendieck.

9. August 1933

KIRCHENEINBRÜCHE IN ROSCHE UND RÄTZLINGEN

Rosche, 8. August 1933: Letzte Nacht verübten Diebe einen Einbruch in unserer Kirche. Nach Zertrümmerung des Sakristei-Fensters sind sie in das Innere gedrungen, um sich hier zu bereichern. Zum Glück aber war ihre Arbeit voll und ganz vergebens, denn Geld und Abendmahlsgeräte werden hier in unserer Kirche nicht aufbewahrt, so daß sie dann mit ihren langen Fingern wieder abziehen mussten. Auch in Rätzlingen ist letzte Nacht eingebrochen worden, wie es heißt, sollen sie dort mehr Glück gehabt haben. Trotz der hohen Strafen gibt es doch noch immer Elemente, die sich nicht scheuen, ihr dunkles Handwerk auszuüben, und es schon ganz und gar als ihr Gewerbe betrachten. Hoffentlich gelingt es der Polizei, diese Spitzbuben recht bald zu fassen, damit sie dann ihre gerechte Strafe in Empfang nehmen können und wieder auf andere Gedanken kommen.[7.2.]

Eine Außenansicht der St.-Johannis-Kirche in Rosche.

Innenansicht der St.-Johannis-Kirche in Rosche, in die im August 1933 eingebrochen wurde.

Januar 1934

EIN DIEBESNEST AUSGEHOBEN

Uelzen: Am Sonnabend gelang es der hiesigen Polizei in den Abendstunden, in einer Wohnung in einer am Stadtrande gelegenen Straße ein Diebesnest auszuheben. Es war bekannt geworden, daß in einem sogenannten Absteigerquartier seit längerer Zeit über die Grenzen hinaus Alkohol genossen und fiedele Feste gefeiert wurden. In dieser Wohnung verkehrten allerlei zweifelhafte Naturen. Es gelang der Polizei, drei Männer festzunehmen, die in der ganzen Umgebung von Stadt und Kreis Uelzen offensichtlich eine ganze Reihe von Einbruchsdiebstählen ausgeführt haben. Ein Teil der Diebesbeute konnte infolge der Beschlagnahme gesichert werden und ist somit als Beweismittel dienlich. Die weiteren Beteiligten haben ihre Bestrafung wegen Hehlerei zu erwarten. Es handelt sich um lichtscheue Personen. Der eine Täter wird noch wegen gleicher Straftaten von auswärtigen Behörden gesucht. Zwei davon hielten sich hier seit längerer Zeit unangemeldet auf.[7.2.]

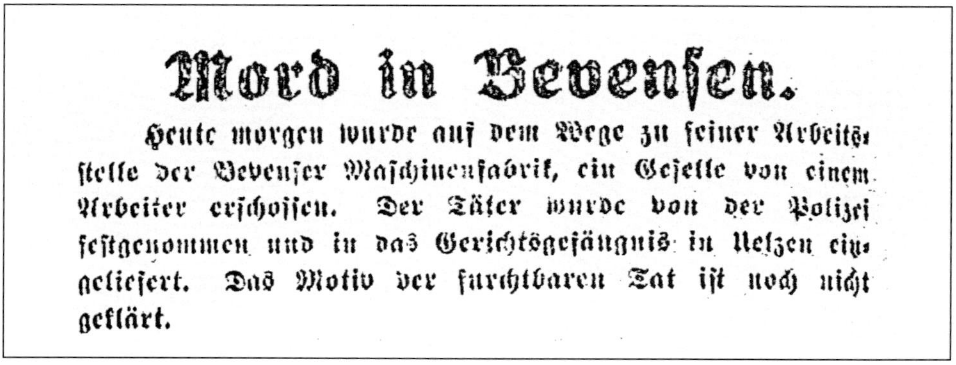

Mord in Bevensen.

Heute morgen wurde auf dem Wege zu seiner Arbeitsstelle der Bevenser Maschinenfabrik, ein Geselle von einem Arbeiter erschossen. Der Täter wurde von der Polizei festgenommen und in das Gerichtsgefängnis in Uelzen eingeliefert. Das Motiv der furchtbaren Tat ist noch nicht geklärt.

Über den Mord an einem Arbeiter in Bevensen wurde 1934 berichtet.

23. Januar 1934

SCHLOSSER NACH EINEM STREIT ERSCHOSSEN

Wie wir bereits gestern berichteten, ist ein junger Mann aus Seedorf, der 24 Jahre alte Schlosser Georg Neubauer in der Nacht zum Montag in der Nähe des Dorfes Roggenmühle erschossen worden. Am Sonntagabend hatten sich junge Leute aus Seedorf, Jelmstorf und Addenstorf im Roggenmühler Gasthaus eingefunden, um dort gemütliche Stunden zu verbringen. Während die Jelmstorfer und Addenstorfer eine Gemeinschaft für sich bildeten, und den Geburtstag eines Arbeitskollegen feierten, vergnügten sich die Seedorfer auf ihre Art. Der Erschossene; Georg Neubauer aus Seedorf, soll nun im Laufe des Abends versucht haben, mit den Addenstorfern und Jelmstorfern in Streit zu kommen. Schließlich entschlossen sich die letztgenannten, daß Lokal zu verlassen und den Heimweg in ihre Dörfer anzutreten. Auf dem Nachhauseweg mussten sie feststellen, daß auch der Seedorfer das Lokal verlassen hatte und ihnen folgte. Kurz hinter Roggenmühle erreichte Neubauer die Addenstorfer und Jelmstorfer und versetze einem Jelmstorfer einen Schlag mit dem Spazierstock über den Kopf. Dieser wehrte sich und schlug nach kurzem Wortwechsel den Angreifer mit der Faust zu Boden. Neubauer erhob sich und nahm die Verfolgung der Jelmstorferen und Addenstorfer, die im Dunkel ihren Dörfern zueilten, auf. Hierbei stieß er auf einen landwirtschaftlichen Arbeiter aus Addenstorf. Dieser soll nun versucht haben, den Seedorfer Schlosser zu beschwichtigen. Neubauer ließ sich aber nicht beruhigen, sondern schlug auch auf den landwirtschaftlichen Arbeiter aus Addenstorf ein. Dieser wehrte sich, so gut er konnte. Schließlich zog er eine Pistole und gab einen Schreckschuß ab, um den Angreifer einzuschüchtern. Neubauer soll aber trotzdem gegen den Addenstorfer mit seinem Spazierstock tätlich vorgegangen sein. In diesem Handgemenge gab dann der Addenstorfer auf Neubauer weitere Schüsse ab. Sodann begab sich der Addenstorfer zu seinen Kameraden, die bereits das Dorf erreicht hatten und schilderte diesen den Vorfall. Einige Seedorfer, die noch später Roggenmühle verlassen hatten, fanden Neubauer bereits tot auf. Die Leiche wurde nach Roggenmühle zurückgebracht. Der herbeigerufene Arzt, Dr. Driechel – Bienenbüttel, konnte nur noch den Tod feststellen. Bereits nach kurzer Zeit erschienen die zuständigen Landjägereibeamten am Tatort und unternahmen sofort die notwendigen Schritte, die zur Klärung des Vorfalles nötig waren.[7.2.]

Der Täter Wilhelm Hövener, der seinerzeit in Jelmstorf wohnhaft war, wurde um fünf Uhr vorläufig festgenommen und kurz nach sechs Uhr dem Gerichtsgefängnis in Uelzen zugeführt.
Der Landjägerposten Barum teilte den Sachverhalt am 22. Januar schriftlich dem Landrat in Oldenstadt mit. Aus diesem Schreiben geht auch die persönliche Einschätzung des Schriftführers hervor, der von einer unzweifelhaft überschrittenen Notwehr ausgeht.[4]
Vor Gericht war die Notwehr nicht zu widerlegen. Hövener wurde im Juni 1934 lediglich wegen unbefugten Führens und Nichtanmeldung einer Waffe zu drei Monaten und einer Woche Gefängnis verurteilt.[7.2.]

> — Bevensen. Zigeuner durchzogen am gestrigen Tage unsern Ort, und konnte man bei dieser Gelegenheit wieder beobachten, wie Tiere gequält werden. Ein Pferd, das krank oder müde war, wurde mit Schlägen, Fußtritten usw. bearbeitet, um es fortzubewegen. Ein Junge wurde sogar nach einem Stock gefragt, den dieser jedoch nicht hergab. Als dann noch schlimmer und mit Drohworten und Steinen vorgegangen wurde, begab sich ein beherzter Junge zur Polizei, um den Vorfall zu melden.

11. April 1934 – Tierquälerei in Bevensen.

> — Gr. Süstedt. Als zwei junge Leute am letzten Sonntag abend von einem Vergnügen aus Stadorf zurückkehrten, wurden sie verfolgt und dann in rohester Weise so übel zugerichtet, daß sie beide besinnungslos liegen blieben. Noch am nächsten Tage mußte für den einen, der noch immer bewußtlos war, ärztliche Hilfe in Anspruch genommen werden.

Im Frühjahr 1934 gab es eine Schlägerei, bei der zwei Jugendliche zu Schaden kamen.

17. Oktober 1934

EXHIBITIONIST VERURTEILT

Wichmannsburg: In der Nähe unseres Ortes zeigte sich ein Mann einem Mädchen gegenüber in unsittlicher Weise. Auf Grund der Anzeige wurde ein 33-jähriger Mann namens Geist aus Hohenbostel ermittelt, der als unsittlicher Geist die Gegend unsicher gemacht hatte. Das Schöffengericht in Lüneburg diktierte ihm neun Monate Gefängnis zu.[4.1.]

16. Januar 1935

GERICHTLICHES NACHSPIEL EINER SCHWEREN SCHLÄGEREI

Verhandelt wurde eine Schlägerei in der Berufungsinstanz. Am 18. August wurde in Dalldorf bei Suhlendorf Erntefest gefeiert. Unter den Teilnehmern an der Festlichkeit befanden sich auch Erich und Bruno W., gebürtig aus Ostpreußen, und Johann L. aus Oberschlesien. Bald entstand unter den jungen Leuten, die größtenteils reichlich dem Alkohol zugesprochen hatten, eine regelrechte Schlägerei, bei der mit Fäusten, Bierseideln, Messern und einem dreibeinigen Holzbock gearbeitet wurde. Die Tresentür wurde zerbrochen, Biergläser durch die Luft geschleudert und diese auch zerschlagen. Es herrschte ein wüster Tumult, so daß die friedliebenden Skatspieler in der Gaststube erschreckt hinausliefen. H. in Dalldorf, Vater und Sohn, wurden gestochen und mit zerschlagenden Bierseideln blutig geschlagen, so daß der Arzt zum verbinden geholt werden mußte. Der Wirt rief in seiner Angst den Gendarmerie-Hauptwachtmeister von Növenthien zur Hilfe herbei, da es den Anschein hatte, als wollten die Schläger die ganze Gastwirtschaft ausräumen. Vor dem Großen Schöffengericht am 28. Oktober 1935 wurden Erich und Bruno W. mit drei Monaten Gefängnis und Johann L. mit 9 Monaten Gefängnis bestraft. Auf die Berufung der drei Angeklagten entschied das Gericht in der gestrigen Sitzung; Erich W. wird mit 5 Monaten, Bruno W. mit 3 Monaten und Johann L. mit 9 Monaten Gefängnis bestraft.[7.2.]

Ein Vermißter tot aufgefunden.

— Kl.-Süstedt. Der Zimmermann Heinrich T. von hier, der seit dem 23. Februar d. Js. vermißt wurde, ist am zweiten Ostertage an einem Wege, der durch den Rehhagen nach Kl.-Süstedt führt, tot aufgefunden worden. T. hatte sich nach Uelzen begeben und hat sich in einer Kornbranntweinbrennerei auf Rechnung eines Kl.-Süstedter Gastwirts zehn Liter Schnaps aushändigen lassen. Er ist dann mit dem Milchwagen, der nach Bohlsen—Hansen fuhr, bis zur Abzweigung des Weges nach Kl.-Süstedt mitgefahren, um von dort zu Fuß nach Hause zu gehen. Unterwegs hat er sich dann über den „Essig", der in dem Glasballon seinen Angaben dem Milchfuhrmann gegenüber gewesen sein soll, hergemacht und wird dabei eingeschlafen sein. Alles Suchen, das von seiten der Gendarmerie angestellt wurde, war vergeblich, bis ihn am zweiten Ostertage ein Eisenbahner etwas abseits vom Wege tot auffand.

Meldung vom 5. April 1934.

1935

GRUSELIGER LEICHENFUND BEI GROSS MALCHAU

Nachdem die Massenarbeitslosigkeit 1932 ihren Höhepunkt erreicht hatte, entspannte sich die Lage in den Folgejahren allmählich wieder. Der aus Breslau stammende Wilhelm Keschel gehörte nicht zu den Glücklichen die eine feste Anstellung finden konnten. Er erhängte sich, nach Einschätzung des Gendarmerie-Hauptwachtmeisters Niestadt in Hohenzethen, bereits im Winter 1934/35 in der Nähe von Groß Malchau. Der Staatsanwaltschaft in Lüneburg übermittelte Niestadt am 7. Oktober 1935 folgenden Sachverhalt:

Am 6. Oktober 1935 teilte mir der Bürgermeister aus Bankewitz, Kreis Uelzen, fernmündlich mit, daß von dem Arbeiter Heinrich Schulz aus Bankewitz gelegentlich beim Sammeln von Pilzen in einer Kieferdichtung der Feldmark Gr. Malchau eine männliche Leiche aufgefunden sei. Ich begab mich mit dem Arbeiter Heinrich Schulz zu der Fundstelle und stellte daselbst folgendes fest: An einer kleinen Kiefer hing in der Schlinge eines fingerdicken Strickes ein Menschenkopf. Der Unterkörper war vom Kopf abgerissen und hing mit dem linken Unterarm in einer Astgabel der Kiefer. Der Strick war in einer Höhe von 2,50 m um den Stamm befestigt. Ich entfernte durch Abschneiden des Strickes den Kopf vom Baum und befreite außerdem den Unterkörper aus der Astgabel. Jetzt konnte ich feststellen, daß ich nur noch ein Skelett vor mir hatte. Die Knochen hingen lose in dem Zeug, Fleischreste waren nicht mehr vorhanden. In der Innentasche des blauen Jacketts befand sich eine dunkle lederne Brieftasche. In dieser steckte eine Zigarettenschachtel mit folgender Aufschrift in Bleistiftschrift: *„Ich bin Wilhelm Keschel geboren 1881 zu Breslau, Sohn des Kürschnermeisters Wilhelm Keschel in Breslau. Schlecht Arbeit zu bekommen.“*

Da die Identität zu diesem Zeitpunkt noch nicht eindeutig feststand, wurden die sterblichen Überreste vorübergehend im Spritzenhaus in Groß Malchau in Verwahrung genommen.[3.1.]

21. April 1935

MUTTER ERWÜRGT NEUGEBORENES

Der Bürgermeister der Gemeinde Schwemlitz, Kr. Uelzen, Bauer Albert Drögemüller, zeigt am 21. April 1935 nachmittags an: *„Heute Morgen wurde mir von der Hebamme,*

Frau Drögemüller, aus Rosche, mitgeteilt, daß von der Dienstmagd Elisabeth Nowacki gegen Morgen ein uneheliches Kind geboren sei. Bei ihrem Eintreffen sei aber das Kind, (ein Knabe) bereits geboren und auch tot gewesen. Hieran können aber Zweifel bestehen. Zur Nachprüfung der Richtigkeit der Angaben der Mutter werde sie den Arzt, Dr. Dörry aus Rosche, um Untersuchung des Kindes bitten. Der Arzt sei aber bis jetzt noch nicht zur Untersuchung des Kindes gekommen."

Aus dem Bericht des Gendarmerie-Hauptwachtmeisters Niestadt an den Herrn Landrat in Oldenstadt: Ich begab mich gleich nach Schwemlitz und konnte feststellen, daß es sich um ein voll ausgewachsenes Kind handelte. Am Halse des Kindes konnte ich aber Würgemale feststellen, die auf einen gewaltsamen Tod nach der Geburt schließen ließen. Der erste Abteilungskommandant erschien mit dem Arzt Dr. Forslund [Dr. Dörry hatte vorab auf den Kreisarzt verwiesen, dieser war jedoch nicht erreichbar] und der stellte fest, daß nach den vorhandenen Merkmalen das Kind gelebt und nach der Geburt erwürgt sei. Inzwischen hatte ich auch festgestellt, daß der Knecht des Petersen, Bruno Koplin, 21 Jahre alt, dessen Kammer neben der Kammer der Nowacki liegt, leises Wimmern aus der Kammer der Nowacki hörte, während diese bereits im Kuhstall beim Melken war. Als dann die Nowacki vom Melken wieder in ihre Kammer ging, will er durch ein Loch in der Kammerwand gesehen haben, daß die N. auf ihrem Bettrande saß und ein Kind vor sich hielt. Auf Vorhaltung durch den ersten Abteilungskommandanten gestand dann die Nowacki in meiner Gegenwart ein, daß ihr Kind gelebt und von ihr mit der Hand erwürgt sei. Die Leiche des Kindes wurde von mir beschlagnahmt und bei dem Bürgermeister in Schwemlitz sichergestellt, während die Nowacki dem Krankenhause in Uelzen zugeführt wurde.[3.1.]

Das Lüneburger Schwurgericht verhandelte am 20. Juni in Uelzen gegen die 21-jährige Mutter, deren Schwangerschaft bekannt war und die von der Dienstherrschaft recht fürsorglich behandelt wurde. Der Erzeuger leugnete die Vaterschaft. Aus einem Zeitungsbericht über die Verhandlung geht folgender Sachverhalt hervor:

Das Mädchen arbeitete unverdrossen und zuversichtlich bis zum letzten Augenblick und duldete nicht, daß man ihr von ihrer gewohnten Arbeit etwas abnahm. So war der Augenblick der Geburt nahe bevorstehend. Am 20. April hatte das Mädchen noch fleißig gearbeitet, und als es am folgenden Morgen vom Bauern geweckt wurde, stand es sofort auf. Dabei gebar es einen Jungen, wahrscheinlich durch Sturzgeburt. Das Kind fiel auf die Erde, die junge Mutter ließ es liegen und hatte die Kraft, in den Stall zu gehen und dort noch vier Kühe zu melken. Als die Bäuerin in den Stall kam, schickte sie das Mädchen sofort wieder in ihre Kammer. Das Mädchen sagte ruhig, die Geburt sei schon erfolgt, das Kind sei tot. Das Mädchen betrat die Kammer wieder und sah, daß das Neugeborene Bewegungen machte. Was nun mit ihm geschah, wird nicht geklärt werden können. Die Angeklagte sagt selbst, sie wisse nicht, wie sie dazu gekommen sei, sie habe an nichts gedacht. Sie nahm jedenfalls das wimmernde Kind und drückte ihm die Hand an die Kehle, bis es ruhig war und keine Bewegungen mehr machte. Dann legte sie das Kind aufs Bett und legte sich selbst hin. Das Gericht kam zur Verurteilung zu 2 Jahren und 2 Monaten Gefängnis. Das sehr gute, der Angeklagten ausgestellte Zeugnis, ihr Geständnis und ihre Unbescholtenheit haben der Angeklagten mildernde Umstände eingebracht.[7.2.]

12. Juni 1935

JUNGES MÄDCHEN VON ZWEI BURSCHEN VERGEWALTIGT

Lüder: Ein schweres Sittlichkeitsverbrechen wurde am Tage vor Pfingsten im nahen Röhrsen an einem jungen Mädchen verübt. Das ungefähr 16-jährige Mädchen, das bei einem Röhrsener Gastwirt in Stellung ist, hütete am genannten Tage die Kühe außerhalb des Dorfes auf einer Weide. Hier wurde das junge Mädchen von zwei jungen Burschen auf roheste Weise vergewaltigt. Ein junges Mädchen aus Lüder, welches in derselben Gegend ebenfalls die Kühe hütete, hat das Rufen und Schreien gehört, wagte jedoch aus Furcht, dasselbe Schicksal zu erleiden, nicht, zur Hilfe zu eilen und hielt sich im Walde verborgen. Die Rohlinge sind nach der Tat unerkannt entkommen. Es sind jedoch schon alle möglichen Schritte unternommen worden, um ihrer habhaft zu werden.[7.2.]

29. Juli 1935

EINBRUCHSDIEBSTAHL AM UELZENER BAHNHOF

In der letzten Nacht wurde in die Erfrischungshalle, die sich am Uelzener Bahnhof befindet, eingebrochen. Es handelt sich bei dem Dieb um einen „schweren Jungen“, der erst am 27. diesen Monats aus dem Zuchthause entlassen worden war, nachdem er eine Strafe von einem Jahr und neun Monaten verbüßt hatte. Mit dem Zuge 12.45 Uhr auf dem hiesigen Bahnhof angekommen, unternahm er kurz darauf diesen Einbruch. Noch bevor es ihm gelang mit dem D-Zuge 1.23 Uhr zu entwischen, konnte er von der

Uelzener Polizei festgenommen und dem hiesigen Amtsgerichtsgefängnis zugeführt werden. Da es sich anscheinend um einen gefährlichen Gewohnheitsverbrecher handelt, dürfte gegen ihn die Sicherungsverwahrung angeordnet werden.[7.2.]

> — Bevensen. In der letzten Nacht wurde ein junger Mann festgenommen, welcher in Jelmstorf beim Gastwirt K. einen Einbruchsdiebstahl verübte. Es fielen ihm geringwertige Gegenstände in die Hände. Der Dieb wurde heute morgen von der hiesigen Polizei dem Uelzener Gefängnis zugeführt.

Festnahme nach Einbruchdiebstahl im August 1935.

17. April 1936

DIEBESGESINDEL BEI PFARRER BÖTTCHER

Wriedel: Am Ostertage wurde hier beim Pfarrer Böttcher ein Einbruch verübt. Der Dieb hatte eine Fensterscheibe eingeschlagen und war dann eingestiegen. Darauf wurde der Schreibtisch über den Schlössern mehrmals durchbohrt. Alle Schränke und Schubfächer hat der Eindringling zerstört und durchwühlt. Ein schwarzes Opernglas ließ er mitgehen. Wenn irgendeine verdächtige Person mit dem Opernglas angetroffen wird, ist der nächsten Polizeidienststelle sofort Nachricht zu geben. Wo wurde ein 20-Zentimeter-Stellmacher- oder Zimmererbohrer gestohlen?[7.2.]

> — Gr.-Liedern. Beim Spielen mit einem Terzerol wurde der 15jährige Haussohn Graedner aus Gr.-Liedern lebensgefährlich verletzt. Ein Junge hatte das Gewehr zum Kaninchenfutterholen mitgenommen, das er sich am Tage vorher ohne Wissen der Eltern aus Uelzen beschafft hatte. Auf dem Weg kam ihm Graedner auf dem Fahrrad entgegen und ohne es zu wissen, richtete der Junge die Mündung des Gewehrs auf den Fahrer. Im gleichen Augenblick löste sich der Schuß, der Graedner in den Unterleib traf. Der Verletzte schwebt in Lebensgefahr.

14. Juli 1936 – Nach Schussverletzung schwebte ein Opfer in Lebensgefahr.

22. August 1936

EINBRECHER IN DER GASTWIRTSCHAFT

Soltendieck: Eingebrochen wurde in der Nacht zum Donnerstag beim Gastwirt Heinrich Veersmann. Die Diebe erbrachen den in der Gaststube stehenden Schrank und entwendeten ca. 300 Zigarren, einen Posten Zigaretten und eine Flasche Schnaps sowie die vor den Fenstern in der Gaststube befindlichen Gardinen. Wie der Dieb in die Gaststube gelangte, konnte nicht festgestellt werden. Es ist anzunehmen, daß er sich am Abend mit einschließen ließ. Durch Oeffnung eines Fensters verließ der Dieb das Zimmer. Die polizeilichen Ermittlungen wurden am anderen Morgen sofort aufgenommen.[7.2.]

> — **Bevensen.** Ein interessantes Bild bot sich gestern den hiesigen Einwohnern: Eine Gruppe Zigeuner wurde von der Landgendarmerie hier durchgeleitet. Während die braunen Gesellen sonst mittels Wohnwagen die Ortschaften durchzogen, hatten diese ihre ganze Habe auf Fahrrädern verpackt, selbst ihre Kinder waren in Bettzeugen auf Fahrrädern festgepackt. Die polizeiliche Begleitung wurde mittels Kraftrad durchgeführt. Immerhin war das nichts Alltägliches.

17. Juni 1937 – Ein ungewöhnliches Bild bot sich in Bevensen.

3. August 1937

UNBEKANNTER BEDROHT EINE FRAU MIT DEM MESSER

Holthusen I: In einen nicht geringen Schrecken wurde eine landwirtschaftliche Arbeiterin des Gutes Holthusen I bei Uelzen versetzt. Sie war allein in der Küche beim Zubereiten des Abendbrotes beschäftigt, als plötzlich ein fremder Mann hereinkam, unverständliche Worte murmelte und ein offenes Messer hervorzog. Als das Mädchen laut um Hilfe schrie, warf der Unbekannte das Messer auf den Küchentisch und verließ eiligst die Küche. Er entfernte sich in Richtung Arendorf und ist dann nicht mehr gesehen worden. Der Gutsverwalter nahm sofort die Verfolgung mit einem Motorrad auf, jedoch ohne Erfolg. Es handelt sich um einen älteren Mann mit graumeliertem Haar und Schnurbart. Er trug eine sehr abgetragene und zerrissene schwarze Jacke und Hose.[7.2.]

30. AUGUST 1937

EINBRECHER AM WERK

UELZEN: In der Nacht von Freitag auf Sonnabend zwischen 2 und 3 Uhr wurde von wahrscheinlich zwei Tätern versucht, in etliche Geschäftshäuser unserer Stadt einzubrechen. Die Täter haben die Dächer von der Rückseite überstiegen und versucht, auf der Hofseite in die Geschäftsräume zu gelangen. In einem Falle ist dies auch gelungen, und die Täter konnten der Kasse Wechselgeld entnehmen. Im zweiten Falle sind die Täter, anstatt in den Laden zu gelangen, in das Schlafzimmer des Geschäftsinhabers geraten. Sie wurden verscheucht und haben den Rückweg wieder über die Dächer angetreten. Alle Volksgenossen, die über verdächtige Personen Angaben machen können, werden gebeten, sich bei der Kriminalpolizei zu melden.[7.2.]

— **Bevensen.** Ein frecher Einbruchsdiebstahl wurde in den Geschäftsräumen der Firma Callmeyer in der vorletzten Nacht verübt. Die Täter gingen über die Toreinfahrt und gelangten so über den Hof von hinten in den Laden, nachdem sie eine Tür erbrochen hatten. Was alles entwendet wurde, steht zur Zeit noch nicht fest. Vor etwa zwei Jahren wurden dem Besitzer auf die gleiche Art und Weise größere Mengen Rauchwaren entwendet. Vielleicht handelt es sich wieder um dieselbe Diebesbande. Hoffentlich gelingt es der Polizei, diesen lichtscheuen Gesellen das Handwerk zu legen.

Im September 1937 wurde die Firma Callmeyer Opfer eines Einbrechers.

— **Veerßen.** In der Nacht zum Sonntag wurde in der Speisekammer einer hiesigen Wirtschaft ein Einbruch verübt, bei dem einige Mettwürste, Rotwurst, Schinken, Butter, Eier, Tomaten entwendet wurden, außerdem hat sich der Einbrecher an verschiedenen Eßwaren gütlich getan. Eine Markttasche hat er ebenfalls neben einem alten Damenfahrrad entwendet.

Im selben Jahr wurde über diesen Einbruch in einer Wirtschaft berichtet.

— Gerdau. Nachdem erst kürzlich über einen Diebstahl in dem Schülerflur der hiesigen Volksschule berichtet wurde, geschah ein solcher am vergangenen Sonnabend in dem Hausflur eines Handwerksmeisters. Von einer durchziehenden Familie erschienen drei Frauen in dem erwähnten Hause und bettelten. Bei der Gelegenheit entwendeten sie von einem Tische ein Paar Strümpfe, welches dort für einen Augenblick abgelegt war. Da die Männer des Hauses zu der Zeit abwesend waren, forderte die Frau die Herausgabe des Gestohlenen. Dieser Aufforderung kamen die Bettelnden jedoch nicht nach. Ein hiesiger Einwohner, der von dem Vorfall in Kenntnis gesetzt worden war, rief kurzerhand die Polizei an, die die Frauen darauf verhörte und, da ihnen der Diebstahl nachgewiesen werden konnte, abführte.

Die Polizei verhaftete 1937 eine Diebesbande in Gerdau.

— Lüder. In einer der letzten Nächte wurde unser Ort an verschiedenen Stellen durch Einbrecher heimgesucht. So drangen die Diebe durch Herausschneiden eines Gazefensters in die Gastwirtschaft Schulz ein und ließen aus der Gaststube einen größeren Posten nur guter Zigaretten und einige Flaschen guten Getränks mitgehen. Zigarren wurden nicht mitgenommen. Der Einbruch muß erst nach Mitternacht erfolgt sein, da kurz vor 12 Uhr noch einige Gäste das Lokal aufsuchen wollten und, da alles schlief, wieder nach Hause gingen. Auch einige andere Gehöfte wurden von den Einbrechern besucht, jedoch ohne große Beute zu machen. Die Untersuchung wurde von Seiten der Gendarmeriebehörde sofort aufgenommen. Hoffentlich gelingt es, die Täter zu fassen.

Nach mehrfachen Einbrüchen in Lüder nahm die Gendarmerie 1937 die Fahndung auf.

8. Oktober 1938

ZUCHTHAUS FÜR GEWERBSMÄSSIGE ABTREIBERIN

Das Lüneburger Schwurgericht verhandelte in der letzten Sitzung der nunmehr ablaufenden Periode gegen die geschiedene 41 Jahre alte Frida Geis aus Uelzen wegen gewerbsmäßiger Abtreibung und Versuchs in insgesamt 13 Fällen. 1930 fing sie ihr schändliches Gewerbe an, das sie eine Reihe von Jahren fortführte. In der Verhandlung erklärte sie mit einer zynischen Offenheit, daß sie einmal den Ausspruch getan habe, man könne mit Abtreibung sich schönes Geld verdienen, wenn es einem einmal schlecht ginge. Die Wissenschaft zur Durchführung dieses Gewerbes will sie aus einem

Lehrbuch haben, das sie gefunden und sehr gründlich durchstudiert habe. Einzelheiten aus ihrem verbrecherischen Tun interessieren nicht. Es kam im Plädoyer des Staatsanwalts wie auch in der Urteilsbegründung zum Ausdruck, daß der Staat im Interesse einer gesunden Bevölkerungspolitik rücksichtslos gegen Abtreibung vorgeht. Als nachgewiesen wurden angesehen eine einfache Abtreibung, neun vollendete und drei versuchte. Die Gesamtstrafe lautete auf viereinhalb Jahre Zuchthaus, außerdem auf Ehrverlust.[7.2.]

25. September 1938

DREI MÄDCHEN IM WALD MISSBRAUCHT

Der in Stadensen wohnhafte Schlosser Kurt M. war bereits vier Mal wegen Bettelns vorbestraft. Im September 1938 kam es dann zu der nachfolgend dargestellten Tat, wegen der sich Kurt M. am 14. Dezember 1938 vor der Strafkammer des Landgerichts Lüneburg verantworten musste. Aus dem Urteil geht Folgendes hervor:

Kurt M. hat am 25. September 1938 in der Nähe von Breitenhees die 10-jährige Agnes M., die 9-jährige Elisabeth K. und die 7-jährige Gertrud B. unter dem Vorwand, er wolle ihnen eine Schaukel bauen, in den Wald gelockt und diese Kinder, nachdem er sich selbst die Hose heruntergezogen hatte, veranlasst, gleichzeitig oder durch Zusammenwirken sein erregtes und entblößtes Glied anzufassen und danach mit kleinen Stöcken solange darauf zu schlagen, bis es zum Samenerguss kam. Kurt M. war daher auf Grund des § 176 Ziff. 3 StGB wegen Verleitung von Personen unter 14 Jahren zur Verübung oder Duldung unzüchtiger Handlungen zu bestrafen.

Kurt M. hatte trotz der erdrückenden Beweislast bis zum Schluss die Tat geleugnet. Das Gericht hatte in der Urteilsverkündung die Zubilligung mildernder Umstände versagt und den Schlosser zu zwei Jahren Haft ohne Anerkennung der Untersuchungshaft sowie Verlust der bürgerlichen Ehrenrechte für einen Zeitraum von fünf Jahren verurteilt.

28. Oktober 1938

SCHWERER EINBRUCH IN ROSCHE

Rosche: In der Nacht von Dienstag auf Mittwoch wurde in einem hiesigen Geschäftshaus ein schwerer Einbruch verübt. Um in das Innere des Hauses zu kommen, zertrümmerten die Täter eine Fensterscheibe. In drei großen Reisekoffern, die sie ebenfalls entwendeten, verstauten sie vermutlich die große Anzahl von Kleidungsstücken sowie Damen- und Herren-Armbanduhren und sonstige Waren, die sie mitlaufen ließen. Auf einem Seitenweg fand man noch Diebesgut, auch eine zertrümmerte Likörflasche. Der dem Geschäftsmann entstandene Schaden ist beträchtlich. Die Gendarmerie hat sofort die nötigen Ermittlungen aufgenommen.[7.2.]

8. März 1939

BLUTIGER STREIT MIT VERHÄNGNISVOLLEM AUSGANG

Altenmedingen: In der Nacht zum Montag ereignete sich zwischen Edendorf und Altenmedingen eine schwere Bluttat, der ein junges Menschenleben zum Opfer fiel. Der 33 Jahre alte, in Altenmedingen beschäftigte Melker Ewald Neumann hatte mit vier Arbeitskameraden aus Edendorf Geburtstag gefeiert, wobei Neumann von seinen Kameraden gehänselt und verulkt wurde. Schon hier kam es zu kleinen Auseinandersetzungen. Auf dem Weg von Edendorf nach Altenmedingen wurde Neumann dann im Walde von den vier Kameraden niedergeschlagen und so schwer verletzt, daß er an den Folgen der Verletzungen am Montagnachmittag gestorben ist. Die Täter wurden festgenommen und nach dem Gerichtsgefängnis Uelzen überführt.[7.2.]

Ansichtskarte von Altenmedingen aus dem Jahr 1940.

4. April 1939

HATTE DAS FREIBIER SCHULD?

In der Nacht vom 7. zum 8. Dezember ging es in Lüder hoch her. Im Dorf wurde ein Polterabend gefeiert, und die Jugend konnte sich an Freibier gütlich tun. Da dauerte es natürlich nicht allzu lange, bis die Köpfe schwer wurden und die Beine nicht mehr so recht gehorchen wollten. Aber zu gleicher Zeit erwachte in den jungen Burschen die Rauflust, und aus einer Meinungsverschiedenheit entwickelte sich schnell eine Schlägerei, in deren Mittelpunkt der 35-jährige Otto R. stand. Er flüchtete schließlich nach dem Hof, wo er beschäftigt war, mußte aber erleben, daß die vorangegangenen Handgreiflichkeiten nur das Vorspiel zu der eigentlichen Auseinandersetzung gewesen waren, die sich nun auf dem Hof abspielte und bei der Zaunlatten und Pfähle die schnell herbeigeschafften Waffen abgaben. Otto hatte es nicht ganz leicht, sich gegen die große Anzahl seiner Angreifer zu wehren und griff schließlich zu einem Beil, um sich zu verteidigen, da diese Situation für ihn immer bedrohlicher wurde. Es war gegen ihn Anklage wegen gefährlicher Körperverletzung erhoben worden, aber auf Grund der Beweisaufnahme ließ der Staatsanwalt die Anklage fallen und plädierte auf Freispruch, da Otto offensichtlich in Notwehr gehandelt und nur dabei einen seiner Angreifer verletzt hatte. Das Gericht erkannte dem Antrage des Staatsanwalts entsprechend und sprach den Angeklagten frei.[7.2.]

6. Juni 1939

EIN RABIATER GAST

Bodenteich: Es war nicht etwa in weit vorgerückter Stunde, sondern gerade erst Mittagszeit, als in einer hiesigen Gastwirtschaft ein Gast plötzlich anfing, den wilden Mann zu spielen. Er hatte zwar schon etliches an Alkoholika genossen, war aber keinesfalls so bezecht, daß ihm jede klare Ueberlegung gefehlt hätte. In übelster Weise randalierte er in der Gaststube herum und kümmerte sich nicht im Geringsten darum, daß der Wirt ihn wiederholt aufforderte, das Haus zu verlassen. Als er schließlich mit Gewalt hinausgeworfen werden sollte, wehrte er sich mit einem in der Nähe stehenden gefüllten Wassereimer, wobei zu allem Ueberfluß auch noch eine Fensterscheibe in Trümmer ging. Aber immer noch hatte er sich nicht ausgetobt und drang nun noch einmal mit einem offenen Messer in die Gastwirtschaft ein. Schließlich räumte er doch das Feld, stieß jetzt aber auf den Gendarmeriebeamten, der ihn mit zur Wache nehmen wollte, um seine Personalien festzustellen. Das passte dem Hitzkopf gar nicht, und so schlug er denn mit Händen und Füßen um sich und leistete auf alle nur erdenkliche Art Widerstand. Erst der Polizeigriff konnte ihn bändigen, und später mußte sogar noch ein Bodenteicher Einwohner den Beamten unterstützen. Wegen Hausfriedensbruches und Widerstandes gegen die Staatsgewalt mußte dieser rabiate Gast jetzt vor dem Lüneburger Schöffengericht erscheinen und wurde zu zwei Monaten Gefängnis verurteilt.[7.2.]

1940

JUGENDLICHER WEGEN GEWALTVERBRECHEN UND NOTZUCHT VERURTEILT

Heinrich Wilhelm Spr. wurde 1923 als uneheliches Kind in Oldenstadt geboren. Bis zu seinem sechsten Lebensjahr wurde er von seiner Großmutter erzogen. Im Jahre 1925 hat seine Mutter den Fensterputzer Johann M. in Oldenstadt geheiratet. Nachdem auch der Großvater väterlicherseits verstorben war, nahm die Mutter ihren Sohn im achten Lebensjahr zu sich. Er wuchs in der Familie mit fünf Stiefgeschwistern auf. Nach seiner Schulentlassung hatte Spr. zunächst verschiedene Stellen als Laufjunge in Uelzen inne. 1938 fand er eine Anstellung als Arbeiter bei der Dachpappenfabrik Struck in Neu-Ripdorf. Am 6. Dezember 1940 stand dieser junge Mann wegen mehrerer versuchter und vollendeter Vergewaltigungen vor dem Sondergericht in Hannover.

Im Oktober 1940 kam der Angeklagte dann auf den Gedanken, Frauen zu überfallen und zu vergewaltigen. Infolge seines starken Geschlechtsdranges habe er ein starkes Verlangen nach Geschlechtsverkehr mit Mädchen gehabt. Er habe überlegt, wie er dieses Verlangen wohl am schnellsten und sichersten befriedigen könne und sei so auf den Gedanken gekommen, Frauen zu überfallen und sie durch Gewaltanwendung zum Geschlechtsverkehr zu zwingen.

Ende Oktober 1940 setzte der Angeklagte diesen Entschluss zum ersten Male in die Tat um. Nach Beendigung der abendlichen Kinovorstellung näherte er sich der 21-jährigen Ehefrau Ilse B., die aus dem Kino kam und mit ihrem Fahrrad von Uelzen nach Woltersburg zurückfahren wollte. Die Frau bemerkte an der Ecke Birkenallee und Otto Telschow Straße in Uelzen, dass jemand hinter ihr herkam. Kurz vor der Wipperaubrücke hielt er ihr Fahrrad fest. Trotzdem gelang es ihr noch über die Brücke zu fahren. Nunmehr zog der Angeklagte sie vom Fahrrad herunter und drückte sie zu Boden. Die Frau wehrte sich nach Kräften und schrie laut um Hilfe. Der Angeklagte drohte ihr nun, er werde ihr ein Taschentuch in den Mund stecken, wenn sie nicht ruhig sei. Gleichwohl wehrte sich die Zeugin weiter und schlug den Angeklagten mehrere Male mit der Faust ins Gesicht. Dem Angeklagten gelang es jedoch, den Schlüpfer der B. ein Stück herunterzuziehen. Diese fasste den Angeklagten an den Selbstbinder und zog ihn derart fest an, dass der Angeklagte von ihr abließ und sich auf einem Feldwege entfernte.

Am 6. November unternahm der Angeklagte seinen zweiten Versuch, eine Frau zu vergewaltigen. In der Dunkelheit etwa um 20:30 Uhr begab er sich auf den Weg von Uelzen nach Störtenbüttel. Etwa 150 Meter hinter der Abzweigung des Weges zum Fischerhof kam ihm die 20-jährige Haustochter Ilse A. aus Kirchweyhe auf ihrem Fahrrad entgegen, die von Uelzen nach Hause fuhr. Er lief dieser hinterher, hielt ihr Fahrrad fest und nötigte sie zum Absteigen. Sodann forderte er sie auf, ihm einen Kuss zu geben, was die A. jedoch ablehnte. Nun drohte der Angeklagte ihr an, Gewalt zu gebrauchen, fasste sie mit beiden Händen von vorn an die Schultern und zog sie in den Straßengraben. Die A. schrie dabei laut: *„Lass mich los, lass mich los!“* und wehrte sich nach Kräften. Dem Angeklagten gelang es jedoch, sie in den Straßengraben niederzuwerfen. Er erklärte der Zeugin er werde jetzt bei ihr eine „Nummer“ machen, zog ihren Schlüpfer herunter und warf ihr Kleid hoch. Dann legte er sich mit entblößtem Geschlechtsteil auf sie und forderte die Zeugin auf, sein Geschlechtsteil bei ihr einzuführen. Nun kam ein Radfahrer aus der Richtung Uelzen auf beide zu. Die A. schrie laut um Hilfe und der Angeklagte hielt ihr den Mund zu. Der Radfahrer hatte offenbar die Rufe gehört und fragte im Vorbeifahren, was los sei. Der Angeklagte erklärte: *„Nichts.“*. Der Radfahrer fuhr nun etwa zehn Meter weiter, stieg dann aber doch vom Rad. Als der Angeklagte das sah, sprang er auf und lief über die Straße in einen Wald.

Schon am folgenden Abend, den 7. November 1940, begab der Angeklagte sich wiederum an die Stadtgrenze von Uelzen und zwar auf die Landstraße von Groß Liedern nach Uelzen. Als ihm auf einem Fahrrad die 17-jährige Hausangestellte Emmi St. aus Uelzen entgegenkam, ließ der Angeklagte sie zunächst vorbeifahren. Er hielt dann das Fahrrad von hinten fest, sodass sie absteigen musste. Der Angeklagte erklärte der St., er sei Polizeibeamter und forderte sie auf, ihm einen Kuss zu geben. Nach seiner glaubhaften Angabe hatte er die St., die mit ihm die Berufsschule besucht hatte, erkannt und den Entschluss, sie zu vergewaltigen, aufgegeben; wohl wollte er notfalls mit Gewalt Zärtlichkeiten mit ihr austauschen. Der Angeklagte umfasste die St. auch sogleich. Diese sah zwar, dass sie keinen Polizeibeamten vor sich hatte, war aber so eingeschüchtert, dass sie dem Angeklagten einen Kuss gab. Dann stieg sie auf ihr Rad und fuhr weiter. Schon nach wenigen Metern hielt der Angeklagte sie erneut fest, zwang sie abzusteigen und fasste sie an die Brust. Dann gab er der St. mehrere Küsse auf den Mund und steckte auch seine Zunge in ihren Mund. Die St. rief laut um Hilfe, worauf der Angeklagte von ihr abließ.

Am 8. November 1940 gegen 20:15 Uhr hielt der Angeklagte sich in der Groß Liederner Straße vor Uelzen in der Nähe einer Kieskuhle auf. Als nun die Ehefrau Marie F. auf dem Wege von Uelzen nach Groß Liedern dort vorüberkam, sah sie den Angeklagten hinter einem Baum stehen. Die F. wartete eine Weile, da sie Böses mutmaßte. Schließlich ging sie an dem Angeklagten vorbei. Dieser kam hinter ihr her und fragte sie, ob sie nach Groß Liedern wolle und erklärte auf die bejahende Antwort, er habe den gleichen Weg und wolle mitgehen. In der Höhe der Abzweigung eines Weges zur Kieskuhle fasste der Angeklagte sie plötzlich und rief, *„Los, kommen Sie mit!“*. Um seiner Aufforderung Nachdruck zu verleihen, zog er ein HJ-Fahrtenmesser, dass er an einem umgeschnallten Gurt mit sich trug, aus der Scheide und fuchtelte damit der F. drohend vor dem Gesicht herum. Diese bat ihn, sie los zu lassen, zumal sie eine verheiratete Frau sei. Der Angeklagte zog sie jedoch von der Straße in die Sandkuhle hinein. In ihrer Angst vor dem gezückten Fahrtenmesser vermochte die F. nur geringen Widerstand zu leisten, den der Angeklagte leicht überwand. In der Sandkuhle nahm der Angeklagte der F. den Mantel ab und zog seinen eigenen Mantel aus und warf beide auf die Erde. Die F. bat den Angeklagten erneut, sie laufen zu lassen, da sie doch eine verheiratete Frau sei. Der Angeklagte erklärte ihr aber, das schade nichts, drückte sie zu Boden und forderte sie auf ihren Schlüpfer auszuziehen. Die F. tat dies in ihrer Angst auch. Der Angeklagte legte sich dann auf sie und forderte sie auf, sein Geschlechtsteil bei ihr einzuführen. Nach anfänglichem Zögern tat auch das die F. in ihrer Angst. Hierbei weinte sie und bat den Angeklagten erneut, von ihr abzulassen. Dieser kam dem jedoch nicht nach und machte eine längere Zeit hindurch Beischlafbewegungen. Der Angeklagte vergewaltigte die F. mehrfach mit und anschließend ohne Bekleidung da er nicht zum Samenerguss kam. Der F. gelang es endlich aufzuspringen und quer durch die Felder in der Richtung nach Groß Liedern zu laufen. Der Angeklagte rief ihr noch nach, sie solle den Mund halten.

Am 13. November 1940 kam der Angeklagte 19:50 Uhr etwa von seiner Arbeitsstelle in Munster in Uelzen an. Auf dem Wege nach seiner Wohnung blieb er bei einer Siedlung an der Otto-Telschow-Straße stehen, um ein Mädchen abzufangen. Nach kurzer Zeit kam auch ein nicht ermitteltes Mädchen auf einem Fahrrad von Uelzen aus auf ihn zu. Er hielt ihr Fahrrad fest und zwang das Mädchen zum Absteigen. Dieses setzte sich heftig zur Wehr und schrie laut um Hilfe. Da zur gleichen Zeit zwei Radfahrer von Uelzen her sich dem Tatort näherten, ließ der Angeklagte von dem Mädchen ab und lief davon.

Am 16. November 1940 ging der Angeklagte nicht zur Arbeit. Tagsüber trieb er sich in der Stadt herum, abends gegen 18:30 Uhr begab er sich auf die Groß Liederner Straße, um wieder ein Mädchen zu überfallen. Etwa 19:15 Uhr kam die 21-jährige Hilfsschwester Irmgard Sch. aus Wellendorf auf ihrem Fahrrad von Uelzen her auf ihn zu. Diese trug ihre Schwesterntracht. Etwa 200 Meter vor Groß Liedern hielt sie der Angeklagte an und fragte, wieweit es noch nach Rassau sei. Die Schulze gab ihm Auskunft und fuhr weiter. Nach etwa 50 Metern stieg sie von ihrem Rade, um ihr Taschentuch aus der auf dem Gepäckträger befestigten Tasche zu entnehmen. Der Angeklagte war inzwischen herangekommen und lief auf sie zu, als sie weiterfahren wollte. Er hielt ihr Fahrrad fest und zwang sie, abzusteigen. Die Sch. rief laut um Hilfe, als der Angeklagte sie nun fasste und zu Boden werfen wollte. Auch setzte sie sich zur Wehr und gab dem Angeklagten einen so kräftigen Kinnhaken, dass er nach hinten zurücktaumelte. Die Zeugin ließ ihr Fahrrad liegen und lief in Richtung Groß Liedern davon.

Am 17. November 1940 gegen 20:00 Uhr begab sich der Angeklagte auf die Lüneburger Straße, um wieder ein Mädchen zu überfallen. Er ging diese Straße bis zum Ende des Fischerhofholzes entlang und wartete dort. Nach einer halben Stunde kam die 17-jährige Hausgehilfin Martha St. aus Uelzen auf ihrem Fahrrad herangefahren. Der Angeklagte fasste das Fahrrad und riss sie vom Rade. Als die St. ihn fragte, was er von ihr wolle, antwortete er, er wolle eine „Nummer" machen. Die St. rief laut um Hilfe. Der Angeklagte fasste sie am Arm, zerrte sie in den Straßengraben und versuchte, sie zu Boden zu werfen. Bei der starken Gegenwehr der Überfallenen gelang es ihm jedoch nur, sie in die Knie zu zwingen. Die St. rief immer noch laut um Hilfe und so versuchte der Angeklagte, ihr seinen einen Handschuh in den Mund zu stecken. Die St. wusste das aber zu verhindern, indem sie den Angeklagten in den Finger biss. Nun kamen zwei Radfahrer von Uelzen her an den Tatort heran. Als der Angeklagte sie bemerkte, ließ er von der St. ab und flüchtete in das Fischerhofholz.[2,3.]

Gegen Heinrich Wilhelm Spr. wurde die Entmannung ausgesprochen. Er wurde weiterhin zu 15 Jahren Zuchthaus und zum Tode verurteilt. Am 7. Januar 1941 wurde das Todesurteil in Wolfenbüttel vollstreckt.

14. August 1940

EIGENEN ONKEL MIT EINEM BEIL ÜBERFALLEN

Walter Sch. wurde 1917 geboren. Schon in früher Jugend soll er sich durch Gefühlskälte und Bedenkenlosigkeit ausgezeichnet haben. Als Schuljunge entwendete er seinem Vater wiederholt Geld und auch seinem späteren Lehrherrn, dem Schlachtermeister Gieselberg, unterschlug er Geldbeträge. Härteste Züchtigungen führten dazu, dass er heimlich der Lehre entlief. Auch in der neuen Lehrstelle bei dem Schlachtermeister Stehr in Bevensen trat keine Besserung ein. Sch. blieb immer häufiger nachts ohne Erlaubnis fort und zeigte immer weniger Lust zur Arbeit. Nachdem er eines Morgens völlig betrunken nach Hause

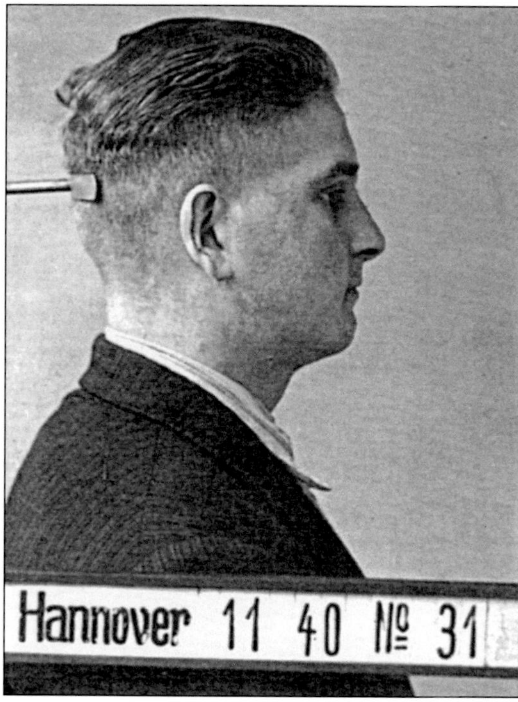

Ein Foto von Walter Sch. nach seiner Festnahme.

gekommen war und das Bett mit Kot beschmutzt hatte, wurde er fristlos entlassen, ohne die Lehre beendet zu haben. Sein Vater nahm ihn daraufhin auf seinen Hof in Brockhimbergen und beschäftigte ihn dort für zehn Reichsmark wöchentliches Taschengeld. Mit 17 brannte Sch. für einige Tage nach Hamburg durch, nachdem er sich auf den Namen des Vaters Geld geliehen hatte. Von November 1937 bis Ende März 1938 war er im Reichsarbeitsdienst und anschließend bis März 1939 beim Militär, von dem er wegen eines Beinleidens als dienstuntauglich entlassen wurde. Anschließend gewannen seine Laster wieder Überhand. Er unterschlug wieder mehrfach Geldbeträge, die er anschließend vertrank. In der Zeit vom 4. bis 11. August 1940 suchte Sch. nachts heimlich den elterlichen Hof auf, um auf einem Kuschwagen zu schlafen.

Als der Angeklagte dabei am 11. August von seinem Onkel überrascht wurde, fand er für einen Tag wieder Aufnahme im Hause, sollte sich aber, wie er seiner Mutter versprach, am nächsten Tag bei der Polizei in Uelzen stellen, die ihn wegen Zechprellerei suchte. Stattdessen ging der Angeklagte am 12. August nach Lüneburg, trieb sich hier bis zum Folgetag umher und kehrte in der Nacht zu Fuß nach Hause zurück, wo er den ganzen nächsten Tag auf dem Kutschwagen verbrachte. In der Tatnacht zum 15. August schlief er in seinem Versteck zunächst einige Stunden und fasste dann den Plan, seinen 56-jährigen Onkel, der auf dem Hofe arbeitete, in seiner Schlafkammer zu überfallen und ihm das Geld, das er in seiner Jackettasche vermutete, zu rauben. Die Kammer des Opfers liegt an der Diele des Wohnhauses und sie ist 3,20 Meter lang, 2 Meter breit und 2 Meter hoch und hat ein Fenster, deren zum Bett gelegene Hälfte mit Pappe verdunkelt ist. Unmittelbar daneben schlafen zwei polnische Kriegsgefangene, die auf dem Hofe arbeiten. Der Angeklagte wollte sicher gehen, bei der Wegnahme des Geldes nicht von seinem Onkel überrascht und erkannt zu werden und war daher von vornherein entschlossen, seinen schlafenden Onkel vor dem Diebstahl bewusstlos zu schlagen, damit er nichts merke. Zunächst dachte er hierzu an einen schweren Knüppel von 1,08 Meter Länge und 4 bis 5 cm Stärke zu benutzen, den er von früher kannte und auch in dem Holzstall fand. Er probierte ihn aus, ob er zum Schlagen handgerecht war, hatte aber Bedenken, dass er bei der Enge und der niedrigen Höhe der Kammer zu lang war und fasste daher den Entschluss, ein Beil zu nehmen, das wie er wusste, auf einem Schranke in der Diele lag. Der Angeklagte fasste es mit der rechten Hand etwa am unteren Griffteil des Stieles, öffnete leise die Kammertür und nahm, um das Knarren der vier Stufen zu vermeiden, diese vorsichtig in einem Schritt. Er schlich sich nur auf Hacken, an denen er Gummiabsätze trägt, an das Bett heran, horchte eine Weile auf das Schnarchen des Schlafenden und wartete, als sich sein Onkel im Bett umdrehte, bis er wiederum zu Schnarchen anfing. Dann tastete er, da wegen der halben Verdunkelung des Fensters im Bette nichts zu erkennen war, mit der linken Hand vorsichtig nach dem Kopf des Opfers, bis er dessen Lage ausgemacht hatte und schlug jetzt kurz hintereinander dreimal mit der stumpfen Seite des Beiles in Richtung auf den Kopf. Der Onkel erwachte jedoch und schrie laut auf. Um ihn nicht hochkommen zu lassen, drückte ihn der Angeklagte mit der linken Hand nieder und versetzte ihm mit der Scheide des Beiles, das sich durch die Lockerung des Griffes, wie ihm bewusst war, in seiner Hand umgedreht hatte, zwei weiter Hiebe, die den Kopf treffen sollten. Die Hiebe müssen ihr Ziel verfehlt haben. Jedenfalls bekam das Opfer den Angeklagten mit beiden Händen am Halse zu fassen und klammerte sich so fest, dass der Angeklagte, um sich frei zu machen, das Beil weglegen und den Onkel aus dem Bett reißen musste. Durch den Lärm waren die Polen im Nebenzimmer aufgewacht und aufmerksam geworden. Als der Angeklagte hörte, dass sie aufstanden und Licht machten, hatte er nur noch den Gedanken an die Flucht. Er versteckte sich zunächst im Schuppen, da er neugierig war, was sich jetzt auf dem Hofe ereignen würde, und verkroch sich später im Stroh eines Schweinestalles, wo er schließlich noch am gleichen Tage gefunden wurde.[2.4.]

Nach § 1 der Verordnung gegen Gewaltverbrecher vom 5. Dezember 1939, nach der Sch. ein gefährliches Mittel [Beil] benutzte, wurde er am 28. Oktober 1940 zum Tode verurteilt. Am 17. Dezember des Jahres wurde das Urteil vollzogen.

23. November 1940

NEUN MONATE GEFÄNGNIS FÜR DIEBSTAHL UND HEHLEREI

Die Strafkammer des Landgerichts in Lüneburg verurteilte den Kaufmann B.S. aus B., Kreis Uelzen, wegen fortgesetzten Diebstahls in Tateinheit mit Hehlerei zu einer Gefängnisstrafe von neun Monaten. Die Untersuchungshaft wurde auf die erkannte Strafe angerechnet. Der Angeklagte war in der Apotheke eines Lazaretts angestellt. Während seiner dortigen Tätigkeit hatte er sich fortgesetzt Medikamente und Arzneien, die für verwundete oder kranke Soldaten bestimmt waren, rechtswidrig angeeignet. Der Angeklagte nahm das Urteil an.[7.2.]

20. September 1941

UNGETREUER POSTHALTER BEKOMMT EINE ZUCHTHAUSSTRAFE

Der Landwirt A.S. aus dem Kreis Uelzen hatte sich wegen Amtsunterschlagung vor der Lüneburger Strafkammer zu verantworten. Er war seit 1934 als Posthalter tätig. Anfang 1941 stellte man bei seiner Poststelle Unregelmäßigkeiten fest. In 35 Fällen hat der Angeklagte Zahlkarten und Postanweisungen zurückbehalten und die einbezahlten Gelder für sich verwendet, ferner einige Mal Zahlkartenabschnitte durch Abänderung der Einzahlungsdaten verfälscht. Außerdem hat er in drei Fällen Nachnahmekarten an den Empfänger nicht zurückgestellt. Diese Beträge waren jedoch von dem Empfänger längst bei der Poststelle eingezahlt worden. Schließlich hat er noch nicht entwertete Freimarken von Postsendungen abgelöst und für sich verbraucht. Die Strafkammer erkannte gegen den voll Geständigen auf 13 Monate Zuchthaus.[7.2.]

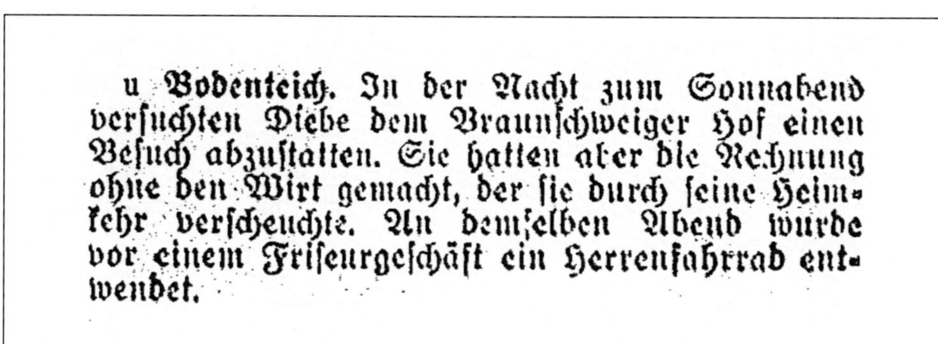

u Bodenteich. In der Nacht zum Sonnabend versuchten Diebe dem Braunschweiger Hof einen Besuch abzustatten. Sie hatten aber die Rechnung ohne den Wirt gemacht, der sie durch seine Heimkehr verscheuchte. An demselben Abend wurde vor einem Friseurgeschäft ein Herrenfahrrad entwendet.

Im Oktober 1941 kam es zu einem erfolglosen Einbruch in Bodenteich.

u Veerßen. In der Zeit vom 30. August bis 1. September wurde aus einer Baubude an der Gerdaubrücke nach Holdenstedt mittels Einsteigens entwendet: eine noch gut erhaltene grüngestreifte Joppe, eine grüne Hose, eine grüne Jacke (gummiartig), ein Zollstock (zwei Meter) und der Inhalt eines Verbandskastens, außerdem wurde am 23. August daselbst eine weiße Jacke, Gesamtwert 50 RM., gestohlen. Wer kann Angaben machen über den Täter?

Auch in Veerßen suchte die Polizei 1941 nach Einbrechern.

18. NOVEMBER 1941

MUNSTERANER DOPPELMORD BESCHÄFTIGT AUCH UELZENER POLIZEI

Zu dem Doppelmord an dem Schrankenwärter-Ehepaar Bartels bei Munster durch entsprungene Sowjetgefangene wird ergänzend mitgeteilt, daß sich die zwei noch flüchtigen Täter wahrscheinlich getrennt haben. Der 21-jährige Boris Baldin ist zuletzt in der Umgebung von Uelzen gesehen worden und scheint auf der weiteren Flucht auch vorerst Wald- und Feldwege zu benutzen. Wie weiter festgestellt wurde, führt er einen braunen Behälter in der Größe von etwa 60x30x25 Zentimeter, den er gestohlen hat, mit einigen Wäschestücken bei sich. Wie schon berichtet, ist dieser Täter 1,72 Meter groß, kräftig, hat kurz geschorene Haare und trägt grünliche Lodenjoppe, dunkelblaues Jackett und Hose, schwarze Stiefel und eine graue Sportmütze mit Knopf auf dem Deckel. Bei diesem Entflohenen handelt es sich um den Haupttäter. Bei seinem Auftauchen ist die Festnahme oder Verfolgung durch die nächste Polizeidienststelle zu veranlassen. Mitteilungen nimmt die Mordkommission der Kriminalpolizei Hamburg, zurzeit Munster, Telefon Munster 263, entgegen. Zu dem Doppelmord an dem Ehepaar Bartels in Ilster wird ergänzend von der Kriminalpolizei Uelzen mitgeteilt: Der 21-jährige sowjetische Kriegsgefangene Boris Baldin wurde Dienstag in den frühen Morgenstunden wahrscheinlich bei Uelzen gesehen. Eine verdächtige Person wurde in der Stadtforst an der Ebstorfer Straße bzw. Westerweyher Weg beobachtet, auf die die von Baldin gegebene Beschreibung passen könnte. Die beiden noch flüchtigen Täter haben sich wahrscheinlich getrennt. Sie werden versuchen, durch Betteln oder Einbrüche sich Lebensmittel usw. zu verschaffen. Es ist auch durchaus möglich, dass sie ihre Kleidung gewechselt haben. Die Bevölkerung wird daher aufgefordert, über alle verdächtigen Personen und sonstige Wahrnehmungen der Polizei Uelzen sofort Mitteilungen zu machen.[7.2.]

18. März 1942

LANDESVERRAT WEGEN EINER KLEIDERKARTE

Unsere Leser werden sich an den Bericht „Bramsig, ein Landesverräter", den wir im Februar veröffentlichten, sicher noch erinnern. Der in Bodenteich ansässige Lobeda und die Witwe Käthe B. aus dem gleichen Ort hatten eine von britischen Flugzeugen abgeworfene Kleiderkarte zu benutzen versucht. Sie kamen mit einem Monat bzw. zwei Wochen Gefängnis aus der Verhandlung des Amtsgerichtes Uelzen. Wir stellten in unserem Bericht schon damals fest, daß nach der Rechtsauffassung des Volkes eine solche Tat im Dienst des Feindes als Landesverrat zu werten ist. Unsere Hoffnung auf die Erkenntnis, daß hier ein zu mildes Urteil gesprochen wurde, war nicht umsonst. Das Reichsgericht hielt die ausgesprochene Strafe nicht für ausreichend. Auf die Richtigkeitsbeschwerde des Oberreichsanwalts hob es das bisherige Urteil auf und gab die Sache zu erneuter Verhandlung und Entscheidung an das Sondergericht Hannover. Wie die „Reichsgerichtsbriefe" dazu bemerken, ist einwandfrei festgestellt, daß die Kleiderkarte von britischen Fliegern abgeworfen worden ist und die Angeklagten dies auch erkannt, es mindestens für sehr wahrscheinlich gehalten haben. Daß sie die Karte trotzdem benutzten und damit der von den Feinden bezweckten Zersetzung der Widerstandskraft des deutschen Volkes Vorschub leisteten, kann nicht als ein Wirtschaftsvergehen, sondern muß als eine Volksschädlingstat angesehen werden, falls die dazu nötigen Voraussetzungen vorliegen. Ueberdies sei zu prüfen, ob nicht auch Urkundenfälschung und Betrug zum Nachteil des Geschäftsinhabers vorliegen.[7.2.]

Mai 1942

GEPLANTER GEFÄNGNISAUSBRUCH MIT SCHWERWIEGENDEN FOLGEN

Am 13. August 1942 standen der Landarbeiter Alfons N., der Gärtner Wladislaw B. und der Arbeiter Martin G. vor Gericht. Aus dem schriftlichen Urteil geht Folgendes hervor:

Die Angeklagten sind Polen. Nach Beendigung des Polenfeldzuges kamen die Angeklagten N. und B. im November 1939 als Kriegsgefangene ins Altreich und G. im Mai

1941 als Zivilarbeiter. Die Angeklagten N. und B. wurden später aus der Gefangenschaft entlassen und arbeiteten seit Januar 1941 als Zivilarbeiter im Altreich. Im Mai 1942 waren die drei Angeklagten, der Zeuge landwirtschaftlicher Arbeiter M. (Ukrainer) und noch andere Personen als Untersuchungs- teils als Strafgefangene in der Zelle Nr. 16 im Gerichtsgefängnis in Uelzen untergebracht. In den ersten Tagen des Mai 1942 erzählte der Angeklagte Alfons N. den Mitangeklagten, diese hätten wegen ihres Butterdiebstahls, weswegen sie in Untersuchungshaft saßen, eine hohe Strafe zu erwarten. Er schlug ihnen daher vor, mit ihm zu fliehen. Zu diesem Zwecke wollten sie, wenn der alte Gefängnisbeamte (gemeint war der Oberwachtmeister Meyer) sonntags nach Lüneburg fahre und der junge Beamte (der Hilfswachtmeister Voß) allein im Gefängnis anwesend sei und ihre Zelle beträte, Voß festhalten, ihm ein Tuch in den Mund stecken, eine Decke über den Kopf werfen und ihn sodann an den in der Zelle stehenden Ofen festbinden. Der Angeklagte Alfons N. wollte ferner dem Voß die Gefängnisschlüssel abnehmen. Auf diese Weise könnten sie gemeinsam aus dem Gefängnis entweichen. Die Angeklagten Wladislaw B. und Martin G. haben dazu geschwiegen. Der Zeuge M. hat die Vorgänge dem Voß gemeldet und dadurch die Ausführung des Planes verhindert. Ungefähr um dieselbe Zeit äußerte der Angeklagte Alfons N., während er auf einem Schemel, den er auf ein Bett gestellt hatte, stand und aus dem Zellenfenster hinaussah: „*Wenn jetzt die Russen kämen, würde ich laut rufen, daß sie mir einen Karabiner in die Zelle reichen sollten, damit ich auf die Deutschen schießen könnte, dann würde ich auch im Gefängnis aufräumen.*" Der Angeklagte N. gibt die letzte Äußerung zu, bestreitet aber, von einem Überfall auf den Hilfswachtmeister Voß gesprochen zu haben. Er will vielmehr nur gesagt haben, wenn sie den Hund des Voß hätten, dann hätten sie ein gutes Essen. Alfons N. hatte sich jedoch bereits vier Aktenbänder angeeignet, nach Überzeugung des Sondergerichts, um den Voß damit zu binden. Die Angeklagten Wladislaw B. und Martin G. haben es unterlassen, von dem Vorhaben des Mitangeklagten an den bedrohten Voß oder dessen Behörde rechtzeitig Anzeige zu erstatten. In der letzten Zeit sind auf Gefängnisbeamte wiederholt Überfälle ausgeführt worden. Die Gefängnisbeamten müssen in ihrem schweren Beruf in Schutz genommen werden und derartige Überfälle müssen, auch wenn sie nur geplant sind, mit den schärfsten Strafen geahndet werden. Ein minderschwerer Fall kann bei Alfons N. nicht angenommen werden.[2.1.]

Bei den Angeklagten Wladislaw B. und Martin G. wurde unter Berücksichtigung aller Umstände ein minderschwerer Fall angenommen. Beide wurden zu einer Freiheitsstrafe von zwei Jahren in einem einfachen Straflager verurteilt. Der 28-jährige Alfons N. wurde zum Tode verurteilt und am 15. Oktober 1942 hingerichtet.

24. August 1943

BAHNARBEITER ZUM TODE VERURTEILT

Am 24. August 1943 musste sich der Güterbodenarbeiter Wilhelm Sch., zuletzt wohnhaft in Rassau, vor einem Sondergericht verantworten. Ihm wurde zur Last gelegt, in der Zeit von 1941 bis 1943 auf dem Bahnhof in Uelzen in zahlreichen Fällen Eisenbahngüter beraubt zu haben.
Als Sohn eines Schneiders wurde er 1907 in Bodenteich geboren und besuchte später die Volksschule. Da sein Vater viel trank und oft kein Geld im Haus war, musste Sch. schon während der Schulzeit viel bei Landwirten arbeiten. Ab 1938 kam er als Güterbodenarbeiter zur Reichsbahn nach Uelzen.

Schon bald nach seiner Bestellung zum Vorarbeiter im Herbst 1941, begann er damit, die auf dem Güterbahnhof Uelzen durchlaufenden Reichsbahngüter zu berauben. Teilweise riss er dabei die unbeschädigten Kartons auf, teilweise vergrößerte er auch die bereits vorhandenen Beschädigungen, um an das Beförderungsgut gelangen zu können. Aus beschädigten Paketen mit Keksen wurden von ihm wiederholt etwa ein halbes Pfund Kekse oder Zwieback herausgeholt. Ebenso entwendete er aus Paketen mehrfach Käse, zumeist je eine Rolle Harzer Käse, aber auch mehrere Stücken Weichkäse und einmal fünf Pfund für italienische Arbeiter bestimmten Käse. Zunächst hatte es Wilhelm Sch. auf Lebensmittel abgesehen und entwendete daher weiterhin Pralinen, Schokolade, Bonbons, Margarine und Fisch. Aber auch Schnaps, Zigaretten, Kleidung und was ihm sonst noch in die Finger fiel, nahm er an sich. Von mehreren Koffern löste er die zur Verschnürung verwandten Bindfäden, sah in die Koffer hinein und nahm in zwei Fällen aus ihnen Garn und Zwirn. Auch einen Einmacheapparat eignete er sich an und schickte ihn mit einem Lastwagen der Reichsbahn als Stückgut in seine Wohnung. Der Angeklagte gab während der Verhandlung zu, von Herbst 1941 bis Februar 1943 die der Reichsbahn anvertrauten Güter in etwa 400–500 Fällen bestohlen zu haben.[2.2.]

Wilhelm Sch. wurde als „Volksschädling" zum Tode verurteilt und am 29. September 1943 in der Strafanstalt Wolfenbüttel hingerichtet.

1944

DER POLIZEIBERICHT MELDET

Uelzen, 4. Januar 1945: In der Zeit vom 24. bis zum 29. Dezember 1944 sind aus dem Kontor einer an der Schuhstraße befindlichen Gastwirtschaft tausend Zigaretten (Marke „Sulima“ in 24er Packung) gestohlen worden. In der Zeit vom 27. bis 28. Dezember wurde vom Treppenflur des Hausgrundstücks Bahnhofstraße 24 ein schwarzer Skunkspelzkragen entwendet. Außerdem sind in letzter Zeit mehrere Gartenlauben der bei den zehn Eichen gelegenen Kleingartenkolonie erbrochen und daraus Geflügel und Kleidungsstücke gestohlen worden. Sachdienliche Angaben über irgendwelche Wahrnehmungen, die auf die vorgenannten Vorkommnisse zutreffen könnten, erbittet die Kriminalpolizei.[4.1.]

> Der Deutsche Wilhelm Scheele aus Hohnstorf, Kreis Uelzen, hatte vor dem Eintreffen der alliierten Streitkräfte, und bevor der Anschlag über Waffenabgabe veröffentlicht wurde, ein Jagdgewehr vergraben. Später informierte ein Pole die Polizei hiervon und händigte ihr die Waffe aus. Scheele wurde nicht als schuldig betrachtet.

Dieser Bericht stand nach Kriegsende in der „Lüneburger Post“.

14. September 1945

TODESURTEIL FÜR NICHTABGABE EINER HANDFEUERWAFFE

Der Deutsche Friedrich Kruse aus Tatern, Kreis Uelzen, wurde zum Tode verurteilt, weil er absichtlich eine Handfeuerwaffe nicht abgeliefert hatte. Außerdem hatte er von der Schußwaffe gegen einen Schweizer Gebrauch gemacht.[4.2.]

5. Oktober 1945

MESSERSTECHEREI AM UELZENER BAHNHOF

Aus dem Tagebuch der Polizei ist ersichtlich, daß es neulich in der Eisenbahn und später auf dem Bahnhof in Uelzen zu einer Schlägerei kam, bei der ein Pole mit seinem Messer zwei Deutsche verletzte.[4.2.]

Der Uelzener Bahnhof nach dem schweren Bombenangriff vom 22. Februar 1945. Einige Monate nach dieser Aufnahme kam es zu der zuvor genannten Messerstecherei.

9. November 1945

HAFTSTRAFEN FÜR FLUCHTHELFER

Vom Militärgericht in Uelzen wurden wegen Beihilfe zum Fluchtversuch aus der von der alliierten Macht verhängten Haft folgende Personen verurteilt: Heinz Freischlader zu zwölf Monaten Gefängnis, Adam Traczyk, Tadeusz Pawlowski, Helmut Kötke, Gerhard Görgen und Johann Brandt zu je sechs Monaten Gefängnis und Wanda Konopacka zu zwei Monaten Gefängnis. Barbara Grosse aus Uelzen, Linsingenstraße 5, wurde zu zwei Monaten Gefängnis verurteilt, da sie nicht im Besitze eines Personalausweises war und sich eines feindseligen und respektlosen Verhaltens gegen die alliierte Macht schuldig gemacht hatte.[4.2.]

LITERATURHINWEISE

WILHELM SPANGENBERG / SOPHIA WICHELMANN: *Ebstorf. Aus der Chronik,* 6., erweiterte Auflage. Becker, Uelzen 1982.

SOPHIA WICHELMANN (HRSG.): *Ebstorf. Aus der Geschichte des Klosterfleckens,* Becker, Uelzen 1994.

ROLF HILLMER: *Strafjustiz und Abdeckerei in der Stadt Uelzen und in den Ämtern Bodenteich, Ebstorf, Medingen und Oldenstadt,* Selbstverlag 1996.

DERS.: *Geschichte der Gemeinde Suderburg,* Becker Verlag, Uelzen 1986.

MARC BASTET / DIETMAR GEHRKE: *Der Weg zum Galgen. Richtstätten und Kriminaljustiz im Raum Lüneburg, Winsen/Luhe, Uelzen und Lüchow-Dannenberg,* Merlin Verlag 2012.

HEINRICH SCHÄFER: *Chronik des Kneipp-Kurortes Bodenteich,* Selbstverlag 1985.

Weitere, bisher erschienene Quellen und Darstellungen zur Geschichte von Stadt und Kreis Uelzen, Museums- und Heimatverein des Kreises Uelzen e.V.

BILDNACHWEIS

Staatsarchiv Wolfenbüttel: S. 116

Leuphana-Bibliothek Lüneburg
Kreisblatt Nachrichten Uelzen: S. 2, 26 unten
Niedersächsische Volkszeitung/Uelzen-Isenhagener Zeitung: S. 33, 39, 41, 43, 51, 54, 57, 60, 61, 64 oben, 65, 66, 67, 69 unten, 70, 72, 74, 78, 80, 81, 82, 83, 84, 85, 88, 89, 91, 92, 93, 95, 96, 98, 100, 101, 105, 106, 107, 108, 118, 119
Lüneburgische Anzeigen: S. 30

Kreisarchiv Uelzen: S. 26 oben, 64 unten

Stadtarchiv Uelzen: S. 9, 13, 24, 28, 40, 49, 53, 56, 69 oben, 94, 124
Lüneburger Post: S. 123

Samtgemeindearchiv Bevensen-Ebstorf
Sammlung Lindloff: S. 15 oben

Stadtarchiv Bad Bevensen
Fotoarchiv: S. 68
Allgemeine Zeitung: S. 45, 77

Kirchenkreisamt Uelzen: S. 17, 19, 27

Privatsammlungen
Slg. Eberhard Behnke/Bienenbüttel: S. 10, 58, 62, 110
Slg. Hans-Joachim Boldt/Reppenstedt: S. 50
Slg. Andreas Springer/Bad Bevensen: S. 20
Slg. Pastor Uwe Mestmäcker/Rosche: S. 97

Museum Schliekau/Bad Bevensen: S. 15 unten, S. 16

QUELLENNACHWEIS

1. Niedersächsisches Hauptstaatsarchiv Hannover

1.1. Hann. 80 Lüneburg I Nr. 1187

1.2. Hann. 86 Celle Acc. 142/90 Nr. 332

2. Staatsarchiv Wolfenbüttel

2.1. 43 A Neu Fb.2 Nr. 259

2.2. 43 A Neu Fb.2 Nr. 195

2.3. 43 A Neu Fb.2 Nr. 269

2.4. 43 A Neu Fb.2 Nr. 258

3. Kreisarchiv Uelzen

3.1. IX. Polizeisachen – A. Verschiedenes – A.9 und A.13 (div. Schriftverkehr)

3.2. Niedersächsische Volkszeitung

4. Stadtarchiv Uelzen

4.1. Allgemeine Zeitung

4.2. Lüneburger Post – Nachrichtenblatt der Alliierten Militärregierung

4.3. Magistratsakten I – 118-1

5. JVA Uelzen

Historische Gefangenenbücher

6. Kirchenkreisamt Uelzen

6.1. Kirchenbücher Bevensen

6.2. Kirchenbücher Himbergen

6.3. Kirchenbücher Rosche

6.4. Kirchenbücher Römstedt

6.5. Kirchenbücher Suhlendorf

6.6. Kirchenbücher Gerdau

6.7. Kirchenbücher Ebstorf

6.8. Kirchenbücher Medingen

7. Leuphana-Bibliothek Lüneburg

7.1. Kreisblatt Nachrichten Uelzen

7.2. Niedersächsische Volkszeitung/ Uelzen-Isenhagener Zeitung

7.3. Lüneburgische Anzeigen

8. Chronik des Kneipp-Kurortes Bodenteich, Heinrich Schäfer, 1985/ S. 104 ff.

9. Geschichte der Gemeinde Suderburg, Rolf Hillmer, 1986 / S. 46

Die Heimat entdecken!

Von Kiel bis Wien, von Aachen bis Görlitz: Entdecken Sie Alltagsgeschichten aus Ihrer Heimatstadt!

Leben in der Großstadt …

Tauchen Sie ein in das quirlige Großstadtleben vergangener Tage. Spazieren Sie über breite Boulevards und stürzen Sie sich ins Nachtleben. Erkunden Sie ihre Stadt durch die Fensterscheiben einer Straßenbahn oder des ersten Käfers und bewundern Sie prächtig geschmückte Schaufenster.

Erinnerungen an die Schulzeit …

Erinnern Sie sich noch an die Zeiten von Abakus und Schiefertafel, an Klassenausflüge oder den ersten Taschenrechner? Blicken Sie zurück auf große Klassen und gestrenge Schulmeister, entdecken Sie auf Klassenfotos Freunde und Bekannte von früher!

… und das Arbeitsleben

Entdecken Sie, wie sich das Arbeitsleben in den letzten hundert Jahren verändert hat. Werfen Sie einen Blick in Fabrikhallen, blicken Sie Handwerksmeistern bei ihrer Arbeit über die Schulter und erinnern Sie sich an den Einkauf im Tante-Emma-Laden.

www.suttonverlag.de

Gesellige Stunden im Verein …

Fußballclub und Schützenverein, Musikkapelle und Gesellenverein: Schauen Sie zurück auf Volksfeste und Turniere, Chorproben oder Prunksitzungen. Erinnern Sie sich an schöne Stunden und das gesellschaftliche Leben in Ihrer Heimat.

Märchen Brüder Grimm

MIX

Papier | Fördert gute Waldnutzung

FSC® C083411

Zeitfracht Medien GmbH
Ferdinand-Jühlke-Straße 7
99095 Erfurt, Deutschland
produktsicherheit@kolibri360.de

Druck:
CPI Druckdienstleistungen GmbH
im Auftrag der
Zeitfracht Medien GmbH
Ein Unternehmen der Zeitfracht - Gruppe
Ferdinand-Jühlke-Str. 7
99095 Erfurt